「怒り」を上手にコントロールする技術

# アンガーマネジメント実践講座

Shunsuke Ando
安藤　俊介

PHP
Business Shinsho



PHPビジネス新書

# はじめに

本書は、ビジネスパーソン向けのアンガーマネジメントの教科書です。

アンガーマネジメントとは、**「怒りの感情と上手に付き合い、振り回されないようコントロールする技術」**として、昨今多くのセミナーや企業研修で取り上げられている心理教育、心理トレーニングのことです。

私は2003年にアメリカ・ニューヨークでアンガーマネジメントと出会いました。

どんなに多忙でストレスの多い環境で働いていても、少しもイライラすることなく成果を出し、人生を楽しんでいるニューヨークのビジネスパーソン達。その姿に感銘を受け、秘訣を聞くと「じゃあ、アンガーマネジメントを学んでみたら？」と、すすめられたのがきっかけでした。

実際に学んでみると、それまで怒りっぽくイライラしがちだった性格がガラリと変わり、人間関係のストレスが激減しました。同時に、周囲とのコミュニケーションが円滑に取れるようになり、仕事も上手くいくようになりました。

その後2008年に帰国し、アンガーマネジメントを普及する活動を始めました。当時は、ほとんど知られていない状態だったアンガーマネジメントも、2011年に一般社団法人日本アンガーマネジメント協会を設立してから、セミナー等の受講者数は年々右肩上がりに増加しています。今では、延べ約60万人の方に受講され、導入する企業は2000社を超えるほどに広がりました。

なぜ、日本でここまでアンガーマネジメントが広がったのか、このあとの第1章でも詳しく述べますが、私は下記のような理由があると思っています。

・社員のストレスをかえって増大させる「働き方改革」の実行策
・不自由な働き方を強いる「画一的なワークライフバランス」
・「職場の多様性」が増加したことによるコミュニケーションの齟齬《そご》
・「正しい怒り方を知らないリーダー」の誕生……etc.

つまり、ここ数年仕事にまつわる状況が大きく変化する中で、今までになかった「新たな問題」がいたるところで噴出しており、その怒りの感情やストレスが職場に蔓延している、ということです。

このように、職場での怒りやストレスが増大する一方で、**怒りの感情をコントロールする方法について、会社が丁寧に教えてくれることはありません。**

すると、皆怒りやイライラを抱えながら仕事をするので、パフォーマンスや生産性が上がらず、ずっと「不機嫌な職場」のまま……。そんなケースが驚くほど多いのです。

このような現状を踏まえ、本書は主にビジネスパーソンに向けて、**アンガーマネジメントを一から手軽に学べて、かつ明日から実践できるテクニックを網羅した1冊**として執筆しました。

本書では、最初に「なぜ現代を生きるビジネスパーソンにアンガーマネジメントが必要なのか」について述べます（第1章）。その次に、「アンガーマネジメントの基本的な考え方」について解説します（第2章）。

その後、アンガーマネジメントの2大テクニックである「湧き上がる怒りにその場で対処するテクニック」（第3章）と、「怒りと上手に付き合える体質を作るテクニック」（第4章）を紹介します。

最後に、「正しい怒り方」（第5章）や「相手のタイプや怒りの特徴に応じた対処法」（第6章）、「怒りをパワーに変える方法」（第7章）といった、仕事の場面で特に必要になる「怒りに対応するスキル」を解説します。

本書を読めば、アンガーマネジメントへの知識を一通り身につけた上で、これ以上職場でイライラすることはなくなります。そうすれば、時間をムダにすることなく、パフォーマンスや生産性を上げられるはずです。

本書が、日本の「不機嫌な職場」を変える一助になれれば幸いです。


一般社団法人日本アンガーマネジメント協会代表理事　安藤　俊介

# アンガーマネジメント実践講座　目次

はじめに　3

第1章　これからの仕事の必須スキル「アンガーマネジメント」

働き方改革が「職場のイライラ」を増幅させる　18
「歪んだワークライフバランス」が招く不機嫌な職場　20
「多様な価値観」を受け入れられない日本の組織　23
ネット炎上を起こすのは「年収の高い係長クラス」　24
溜めた怒りを「匿名の攻撃」で晴らす人達　26
不機嫌を周囲にばらまく「残念なおっさん」　29
会社に「怒れないリーダー」が増えているワケ　32
今注目される「アンガーマネジメント」とは？　35

アンガーマネジメントが日本の職場を救う　37
生産性向上に「感情のコントロール」は不可欠　40
機嫌は「ちょっとしたコツ」だけで変えられる　42

## 第2章 アンガーマネジメントの基礎理論

アンガーマネジメントは怒らない方法「ではない」　46
怒りの感情を学び、理解し、上手く取り扱う　47
怒りはれっきとした「生存に必要な感情」だ　48
問題がある「4つの怒り」とは？　50
1．強度が高い　51
2．持続性がある　52
3．頻度が高い　52
4．攻撃性がある　53
怒りには必ず「別のマイナス感情」が隠れている　54

怒りの「衝動」をコントロールする技術 58
「6秒」待てば、理性的になれる 61
テクニック① スケールテクニック 「怒りの温度計」で自分の怒りの度合いを把握する 62
テクニック② コーピングマントラ 「魔法の言葉」でどんな時でも落ち着きを取り戻す 67
怒りの「思考」をコントロールする技術 71
私達が怒る本当の理由は「コアビリーフ」にあり 73
コアビリーフの扱いが難しい理由 76
怒りの原因は他ならぬ「あなた自身」 78
「怒りの境界線」を知れば、何も怖くない 81
問題点① 境界線が目に見えないこと 83
問題点② 境界線が日々変動してしまっていること 87
「怒りの境界線」を使ってムダなイライラを消すコツ 88
怒りの「行動」をコントロールする技術 92
1. 変えられる／重要 94

2. 変えられる／重要でない 96
3. 変えられない／重要 97
4. 変えられない／重要でない 99
「ビッグクエスチョン」で怒りの行動を選択する 100
怒り上手な人は「リクエスト」を伝えるのが上手い人 102
あなたの「リクエスト」が伝わらない理由 105

## 第3章 職場の「突然の怒り」に対処する技術

突然の怒りにも「すぐ効く」テクニック 112
テクニック① カウントバック 数を引き算で数えて、反射を遅らせる 113
テクニック② ストップシンキング 考えることをやめ、頭の中を真っ白にする 115
テクニック③ グラウンディング 意識を「今ここ」に集中させる 117
テクニック④ 1日5分マインドフルネス 5分だけ、利き手と逆の手で行動してみる 120
テクニック⑤ ポジティブセルフトーク 自分を奮い立たせる言葉を持つ 123

テクニック⑥ タイムアウト ヒートアップした時、冷静さを一旦取り戻す 125
テクニック⑦ サクセスログ 小さな成功を積み重ねて、怒りを自信に変える 127
テクニック⑧ エクスターナライジング 怒りを形あるもので表現してみる 129
テクニック⑨ ミラクルデイエクササイズ 理想をすべて叶えた奇跡の日をイメージする 132
テクニック⑩ ポジティブモーメント 成功体験を思い出し、イライラを吹き飛ばす 135

# 第4章 「怒りの耐性」を高くする技術

怒りと上手に付き合える体質を作るテクニック 138
テクニック① アンガーログ アンガーマネジメントの基本中の基本 138
テクニック② ハッピーログ 楽しいこと、幸せなことを記録する 144
テクニック③ べきログ 自分を怒らせるコアビリーフを特定する 146
テクニック④ トリガーログ 怒るきっかけとなる引き金を見つける 148
テクニック⑤ タイムライン 自分の人生を振り返り、コアビリーフを見つける 150
テクニック⑥ プレイロール 憧れの人を演じ、理想の性格を手に入れる 153

テクニック⑦ ブレイクパターン　既存のパターンを壊し、変化に強い自分を作る　155
テクニック⑧ 24時間アクトカーム　一日だけ穏やかな人を演じてみる　157
テクニック⑨ 変化ログ　自らの変化を設計し、目的と手段を明確にする　160
テクニック⑩ 3コラムテクニック　自分のコアビリーフと向き合い、よりよく書き換える　164

第5章 仕事でも角が立たない！　上手な「怒りの伝え方」

「上手な怒り方」の3つのポイント　172
上手な怒り方のポイント① リクエストが誰からも明確である　173
上手な怒り方のポイント② 怒る基準の納得度が高い　174
上手な怒り方のポイント③ 穏やかな表現を使う　175
「やってはいけない」4つの怒り方　176
やってはいけない怒り方① 不機嫌だから怒る　177
やってはいけない怒り方② 感情的に怒る　178
やってはいけない怒り方③ 人格を攻撃する　180

やってはいけない怒り方④　人前で怒る　182
怒る時のNGワード　183
NGワード①　過去を持ち出す言葉　「前から言ってるけど」「何度も言ってるけど」　184
NGワード②　相手を責める言葉　「なんでそうした？」「なぜできない？」　186
NGワード③　強い言葉　「いつも」「絶対」「必ず」　188
NGワード④　程度言葉　「ちゃんと」「しっかりと」「きちんと」　189

# 第6章　タイプ別・特徴別「他人の怒りの対処法」

相手の怒りも「タイプ」を知れば怖くない　192
タイプ①　正義感が強いタイプ　「それは正しくない」「彼は礼儀がなってない」　194
タイプ②　何事も白黒つけたがるタイプ　「それはよいのか悪いのか、はっきり決めて」　198
タイプ③　プライドが高いタイプ　「なんでこんなこともできないの？」　203
タイプ④　頑固で人の意見を聞かないタイプ　「言った通りにやっていないじゃないか」　207
タイプ⑤　慎重に考えたいタイプ　「一旦待とうよ」「先走りしすぎじゃない？」　211

タイプ⑥ とにかく行動したいタイプ 「いいからやろう」「やってみないとわからない」 214

怒りの「特徴別」対処法 219

特徴① 怒りの強度が高い人 221

特徴② 怒りの持続性がある人 222

特徴③ 怒りの頻度が高い人 224

特徴④ 怒りの攻撃性がある人 226

1．他人への怒りの攻撃性がある人 227

2．自分への怒りの攻撃性がある人 228

3．モノへの怒りの攻撃性がある人 230

## 第7章 怒りを「明日への活力」に変える方法

アンガーマネジメントを難しくする「2つのハードル」とは？ 232

ハードル① アンガーマネジメントという立場に立つ 233

ハードル② 不毛なコアビリーフと戦う 238

怒りをパワーに変える3つの方法 244
怒りをパワーに変える方法① 長期的なゴールを明確にする 246
怒りをパワーに変える方法② ゴールに向かって毎日することが具体的である 248
怒りをパワーに変える方法③ 毎日できる仕組み、環境を整える 250

第1章

# これからの仕事の必須スキル「アンガーマネジメント」

## 働き方改革が「職場のイライラ」を増幅させる

日本の職場で「働き方改革」が叫ばれるようになって、ずいぶんと時間が経ちました。働き方改革が進むことは一般的にはよいことだと考えられていると思いますが、**この働き方改革が元凶となってイライラしながら働く人を増やしてしまっています。**

なぜ働き方改革を進めようとするとイライラする人が増え、不機嫌な職場が増えてしまうのでしょうか。そもそもなぜ働き方改革が始まったのかと言えば、それは労働力人口の減少による国力の低下がこのままでは避けられないことが明白だったからです。

労働力人口は2016年の6648万人から、2065年には3946万人となり、約4割も減少すると予想されています（堀江奈保子「少子高齢化で労働力人口は4割減」みずほ総合研究所『みずほインサイト』2017年5月31日）。つまり近い将来、日本で労働力になる人はほぼ半減してしまうということです。

働く人が半減してしまえば、国として様々な制度を運用していくことが困難になってしまいます。今、私達が当たり前に受けられているような医療、福祉はもとより、快適に生活、仕事をするためのインフラなども維持できなくなってしまいます。

そこで政府がこの課題を解決しようと、2016年に働き方改革実現推進室を設置しました。これが働き方改革の始まりです。最大の問題である労働力不足を解消するための具体的な対応策として、長時間労働の是正、非正規・正規雇用の格差是正、高齢者の活用を掲げています。

以上が働き方改革の大まかな内容です。今後の日本のことを考えれば、政府が言うような働き方改革は必要であると言えるのではないでしょうか。

しかし現実には、**実際の施策になった時点で、疑問を持たざるをえないものが多くなり、結果、私達がイライラしたり、怒りを感じたりすることが多くなってしまっている**のが今の姿です。

例えば、働き方改革で真っ先に思い浮かぶのが残業時間を短くするための残業規制です。残業規制自体を歓迎する人は多いと思いますが、人員数は変わらない、仕事の量も変わらない、それなのに責任は大きくなっているでは、残業だけを規制されたとしても、実質の負担は大きくなるだけで、何の働き方改革にもなっていません。

企業としては働き方改革に取り組んでいますというわかりやすいアピールをしたいので、20時になったらオフィスの電気を消す、全員を退出させるなどの施策をするのが手っ取り早いのです。

某大企業で働いている私の知人は、20時以降オフィスにいることは禁止され、また会社のパソコンの持ち出しも禁止されているので、20時前になると明日の朝までに準備しなければいけない仕事を暗記し、それを会社近くのカフェや自宅に帰ってノートに書いてまとめるなんていうもはや冗談のような働き方をしています。

彼にとっての残業規制は働き方改革ではなく、働き方改悪です。会う度に制度のおかしさを嘆いたり不満を口にしていますが、仕方がないと受け入れて働いています。

あなたが経験している働き方改革はどのようなものでしょうか。余計なことをするなと思うような改革が進んではいないでしょうか。

紹介したケースは手段が目的になってしまっている典型例ですが、**手段が目的になる時、大きな違和感を覚える人が多くなるので、そこには怒りの感情が生まれやすくなります。**

## 「歪んだワークライフバランス」が招く不機嫌な職場

今の日本において、というよりも先進国においてワークライフバランス、ダイバーシティに異議を唱えることは封建的な人として批判されるでしょう。

ワークライフバランスとは、内閣府によると、仕事と生活の調和という意味です。今、日本は人々の働き方に関する意識や環境が、社会経済構造の変化に必ずしも適応しきれておらず、仕事と生活が両立しにくい現実に直面していると考えられています。

仕事と生活の調和と経済の成長は車の両輪であることから、未来への投資として政府主導で進められている政策です。

具体的には、安心して働くことのできる職場環境を実現するために、長時間労働の抑制、年次有給休暇の取得促進、メンタルヘルス対策等の取り組みが挙げられます。

一方、ダイバーシティとは、経済産業省によると、女性・高齢者・外国人等の多様な人材の活躍によって、少子高齢化の中でも人材を確保し、多様化する市場ニーズやリスクへの対応力を高めるものと説明されています。

つまり、どちらも大きな意味での働き方改革を進めるための考え方として、いくつかの省庁から日本社会に必要なものとして進めようとしている施策になります。

ワークライフバランスとダイバーシティはセットで紹介されることも多いのですが、アンガーマネジメントの視点からすれば、実はワークライフバランスもダイバーシティも、

「不機嫌な職場」を増やすことに一役買っているとも言えるのです。

誤解しないでいただきたいのは、ワークライフバランスとダイバーシティをともに社会として推進していくことは歓迎です。

ここで問題となっているのは、**「多様な価値観を尊重する職場で、画一的なワークライフバランスが推奨されていること」**です。

例えば、人によっては1日8時間労働でも長いと感じる人もいるでしょうし、朝から晩まで働くのが大好きという人もいるでしょう。ワークとライフがバランスするポイントは人によってバラバラです。誰も特定の価値観を押し付けられて気持ちがよいとは思いません。ダイバーシティとはそれを受け入れて共存することです。

しかし、なぜか今のワークライフバランスはワークライフバランスという価値観で働き、人生を生きなさいという価値観を押し付けるような色合いが強くなっています。

かたや多様性を大事に、様々な価値観を受け入れようと言っている一方で、特定の働き方こそが正しいように言われるのは大きな矛盾です。

このような状況では、チームのメンバーそれぞれが、その人自身の価値観で気持ちよく働き、生きていくことはとてもできないでしょう。

## 「多様な価値観」を受け入れられない日本の組織

その一方で、いくらダイバーシティを大切にしようと掲げていても、私達は自分と違う価値観の人をなかなか受け入れることができません。私達が怒る理由は、ごく簡単に言ってしまえば、自分の価値観と違う人、出来事、行動を目の当たりにすることです。

自分と違うから、「なんでそんなことをするんだ?」「どうしてそんなことができるんだ?」と怒りを感じます。

つまり、**自分と違う価値観の人が周りにいればいるほど、私達は怒る機会が増えることになります。**

職場でダイバーシティが進むということは、自分と違う価値観で働いている人達が周りに増え、その人達と触れる機会が多くなります。すると、自分と価値観が違う場面、自分が受け入れられないと思う場面に出会うことが必然的に増えるのです。

昔の日本はよくも悪くも働くということについて社会全体で何となくの価値観を共有していました。

例えば、会社は一生勤めるもの、残業はするもの、上司の言うことは聞くもの、仕事の方が家庭よりも大事、会社は家族のようなもの等々がありました。だから理不尽なことがあろうがなんだろうが、会社のために働くということをしていました。

ところが今は違います。働き方への価値観は様々でいいし、自分の価値観を優先して働くことが正しいことである、とほぼ真逆の考え方になっています。

これは個々人の幸せを考えた時、とても素晴らしいことですし、本来はこうでなければいけないことなのですが、世の中にはまだ先ほど紹介した昭和の働き方で働くことを覚えた人の方が多いので、今の価値観についていけていない人も多いのです。

当然、こうした価値観の違う人同士で働けば衝突は起こります。お互いに価値観の違う人をどう受け入れて働けばいいのか解決策を持っていないからです。

こうした時、**アンガーマネジメントを使えば、どんな価値観の人とも気楽に働けるようになります。**どんな人ともストレスなく働けるようになれば生産性は格段に上がります。

アンガーマネジメントをマスターすることはそれこそ働き方改革になります。

## ネット炎上を起こすのは「年収の高い係長クラス」

仕事に限った話ではないですが、今と昔で大きく変わった点と言えば、やはりインターネットやスマホの登場でしょう。それに伴い、新しい「怒り」の形として注目されるようになった現象があります。それは「炎上」です。

昨今、ネットやSNSで炎上したなんてことがよく話題になります。そんなニュースを見る度に、世の中の人は怒りを抱えてしまって持て余しているのだな、とアンガーマネジメントの専門家として思います。

はっきりと言えますが、自分の人生に満足し幸せな人はネットの炎上には絶対に関わりません。

文化庁がまとめた「平成28年度　国語に関する世論調査」では、「炎上」を目撃した際に書き込みや拡散をするかという質問に対して「大体すると思う」と回答した人が0・5%、「たまにすると思う」と回答した人が2・2%で、合わせても全体の3%にも満たない数字であることがわかりました。

つまり、ネットでの炎上の参加者は3%もいないということです。

また、ネットでの炎上についての研究などを行っている国際大学の山口真一氏によれば、ネット炎上に参加している人は年収が高く、係長クラス以上の男性で、その動機の7

割が正義感ということです。

そもそもなぜ、ネットやＳＮＳは世の中の怒りを加速させるのでしょうか。この問題については北京航空航天大学のルイ・ファン氏が中国のWeiboというＳＮＳ上で仲間達と調査を行いました。少し古い調査になりますが、２０１０年に、６ヶ月間にわたって20万人のユーザーから約７０００万のツイートを集めて分析したところ、**怒りの感情が他の感情よりもネットワーク上で拡散しやすい可能性があることを突き止めました。**

怒りの感情は防衛感情とも呼ばれ、自分の身を守るために備わっている感情です。怒りの感情を持つ時、私達は何らかの脅威に直面しています。つまり、誰かが怒っているということは、そこに何らかの脅威が迫っていると読み取れるわけです。

誰かにとっての脅威は自分にとっての脅威にもなりえますから、脅威があることを大勢に知らせるために、怒りという感情が拡散しやすいのではないかと考えられます。

## 溜めた怒りを「匿名の攻撃」で晴らす人達

その一方で、日本人は世界の国と比べて極端にＳＮＳを使っていない国民であることが明らかになっています。

総務省がまとめた「平成30年版　情報通信白書」によると、Facebookを利用している人は、積極的に使っている人から見るだけ専門の人まで含めても31％で、Twitterは33・2％、インスタグラムは22・8％となっています。

ではなぜこれほど日本人はＳＮＳを使っていないかと言えば、その理由は他人とのトラブルを警戒しているからです。

ＳＮＳで何らかのトラブルにあった経験があるかについてのアンケートで、日本人は23・2％、アメリカ人は56・9％、ドイツ人は50％、イギリス人は49・2％となっています。アメリカ、ドイツ、イギリスなどではＳＮＳでトラブルにあったことのある人が半数くらいいるのに対して、日本人は４分の１にもなりません。

海外の人達はトラブルにあったとしてもＳＮＳを使い続けていますが、日本人はＳＮＳでのトラブルを怖がって、あまり使わない傾向にあることがわかります。

私も昔、アンガーマネジメントをアメリカから日本に持ちこもうとした時、はじめのうちはアメリカ的なアンガーマネジメントをしていたのですが、風土というか、文化的、価値観的に日本ではどうしても馴染まないところがいくつかでてきました。

その中でも大きかったのが、アメリカ人は怒った時に直情的に怒りを表現することが多いのに対して、日本人は自分の中に溜め込んでしまう傾向が強いということでした。

もちろん、アメリカ人でも怒りの感情を自分の中に溜め込んでしまうという人はいるのですが、普段から感情でも考えでも表現することをよしとする文化であるため、積極的に自分が考えていること、感情を表現しようとします。そのため、そこでトラブルになることが多かったりするのです。

一方で日本人には「沈黙は金」という言葉があるように、押し黙ることをよしとする文化的な価値観があります。

とは言え、**自分の中に怒りを溜め込んでしまうことは、結局は自分への攻撃になってしまうので、これは決してよいことではありません。**むしろ、溜め込んだ怒りをどこかで発散しようと、怒りがぶつけられる矛先を虎視眈々と狙うようなことをしてしまいます。

その結果、表現下手な日本人でも、匿名性が高く、自分は安全圏にいて攻撃をされることのない「ネットでの攻撃」という手段にでている――SNSの利用率が低い割に、炎上が話題になる昨今の現象の裏には、こんな心理が隠されているのかもしれません。

## 不機嫌を周囲にばらまく「残念なおっさん」

さて、話を職場の話題に戻しましょう。2018年、新興経済メディアのNewsPicksが「さよなら、おっさん。」と題して、『日本経済新聞』の朝刊に全面広告を打つなど大々的にPRをしました。

経済メディアの主要顧客層は一般的に言えば中年男性、いわゆる「おっさん」ですので、自分達の主要顧客をディスるようなこのPRには随分と賛否両論があったようです。

しかし、あえてこのようなPRをしたのにはNewsPicksなりの思いがあったということです。それは「おっさん的価値観」が日本の経済界を支配し続けると、日本企業も日本経済も衰退し続けてしまうという危機感があったからと説明しています。

ここでNewsPicksが定義する「おっさん」とは年齢のことではなく、次のような条件に当てはまる人のことです。

・古い価値観やシステムに拘泥し、新しい変化を受け入れない
・自分の利害のことばかり考え、未来のことを真剣に考えない

・フェアネスへの意識が弱く、弱い立場にある人に対し威張る

こうした条件に当てはまる人はあなたの職場にも実は結構な割合でいるのではないでしょうか。

こうした人達がしがみついているものは「既得権益」です。既得権益のある人達は他の人以上に変化を嫌います。なぜなら、変化することで自分の既得権益が侵される可能性が高まることをよく知っているからです。

自分達にとっては当然の権利と思っていて、特に既得権益だとは考えていません。若い時に苦労をしてきたのだから、今は楽をするもの、今は自分達が得をするのが当たり前と考えています。

時代や価値観が変わらない、あるいはゆっくりとしか変わらない時代であれば、こうした人達がいても大した迷惑になることはありませんでした。ところが、今のように時代の変化が速く、価値観が目まぐるしく変わる時代においては、こうした人達は、時代の流れに合わせて変化しようとする他の人達からすると、非常に迷惑な存在です。

とは言え、直接関わらなくてよかったり、上手くいなせたりするうちはまだましです。

問題は、変化することが嫌で不機嫌になったり、チームや職場が変化することを、あの手この手で邪魔しようとしてきたりする場合です。

こうした不機嫌な人や非協力的な人が1人でも職場にいると、不機嫌は職場全体に伝染し、職場の生産性を著しく落としてしまいます。

なぜ不機嫌が伝染するかと言えば、**怒りという感情は伝染しやすいという性質を持っているからです。**

前述した通り、怒るということは何かの脅威を感じているということであり、誰かにとっての脅威は自分にとっての脅威である可能性が高く、それを察した方が危険回避がしやすくなるからです。

さらに不機嫌な時、イライラしている時というのは、本能的に脅威を感じていて警戒態勢、臨戦態勢に入っている最中なので、できるだけ周りから情報をとろうと意識を周囲に巡らせます。

そうなれば、今目の前にある仕事に集中して生産性を最大限に上げることなど望むべくもありません。

不機嫌な人が職場に1人でもいるということは、仕事上においては百害あって一利なしの状態と言えるのです。

## 会社に「怒れないリーダー」が増えているワケ

私は企業研修ではリーダーシップ、チームビルディング、パワハラなどにからめてアンガーマネジメントを伝えていますが、この数年、「怒り方、叱り方」を教えて欲しいという依頼を数多く受けています。

その理由は、**「怒れないリーダー」が増えているから**です。自分の中に生じた怒りを、部下やチームにきちんと伝えられずに、ただ不機嫌になってしまっているだけの管理職が、最近増えてきているというのです。

企業研修の打ち合わせや相談を受ける度に思うことは、こうした怒れないリーダーが増えていることは企業にとってかなり深刻な問題になっているということです。

なぜならば、怒らないということは、ともすれば積極的に部下に関わらない「放任主義」になってしまうからです。それではリーダーとして組織をマネジメントできていることにはなりません。

怒れないリーダーが増えているのは、大きく2つの理由があると考えています。

1. パワーハラスメントという言葉の独り歩き

2. 褒める文化への誤解

パワーハラスメント、通称パワハラは社会として受け入れがたいものですし、パワハラをする人がいなくなった方がいいに決まっています。そういう意味でパワハラという概念が社会に浸透してきていることは歓迎するべきです。

ところがパワハラという言葉が誤解されたまま独り歩きをしてしまっているところがあるのは否めません。

というのも、「怒る＝パワハラ」だと思っている人が意外なほどに多いからです。これは怒る側も怒られる側も共通して誤解しているところです。

パワハラは定義が難しいところがあるので、こうした誤解を生んでしまうのはある意味仕方がないことではあるのですが、リーダー側からすると、「触らぬ神にたたりなし」ということで、よっぽどのことがなければ怒らないようにしよう、と考えてしまうのです。

これは残念ながらパワハラについての知識不足からくるものです。パワハラについて正しい知識を学べば、こうした誤解はなくなるでしょう。

もう1つの「褒める文化への誤解」というのは、人は褒めなければ成長しないという神話です。日本ではこの20年くらいの間、学校でも企業でも人は褒めて育てるものという風潮がありました。

だから学校でも企業でもとにかく人を褒めよう、承認しようというのが育成方針でした。コーチングを部下育成に取り入れている企業も多いと思いますが、コーチングは褒める文化の象徴のようなアプローチです。

褒めることが推奨されてきたので、怒らずなんとか育成しようと努めてきた結果、怒り方がわからなくなってしまった人が増えました。同時に今の若い人達は怒られる経験をあまりしてこなかったので、極端に怒られることに弱いという人が増えました。

新入社員を怒ったら、その社員の親から「なぜうちの子が怒られるのか？」と電話がかかってきたなんていう冗談のような話も、そういう経験をした人が何人もいることがわかりました。また、部下を怒ったら次の日から会社に来なくなってしまったなんていう話も聞こえてくるようになりました。

怒る側にも原因がないわけではありません。怒るというのは技術でもあるので、怒る練習をしないと上達しません。この20年、私達は「怒る練習」を怠ってきました。結果、**怒り方が下手になり、怒った時にトラブルになるケースがますます増え、より怒れなくなってしまう**という悪循環に陥ってしまっています。

怒られるというのは風邪を引くようなものです。風邪は健康に気をつけていたとしてもかかる時はかかります。怒られないように気をつけていたとしても、社会に出れば怒られることもあるのです。

怒る側、怒られる側ともに「怒ること」に慣れていないというのは、現在の組織が上手く機能しない大きな要因の1つになっています。

## 今注目される「アンガーマネジメント」とは?

ここまで見てきたような社会情勢の変化を受けて、アンガーマネジメントに対しての注目がこの数年、非常に高くなっています。

そもそもアンガーマネジメントとは、1970年代にアメリカで始まったとされています。当初は、カウンセラーやセラピスト達の間で、怒りの感情と上手に付き合う方法があるという共通認識があった程度のことでした。

それが軽犯罪を犯した人に対する矯正教育プログラムとして採用され、徐々に広がっていくことになります。大きく注目されたきっかけは一本の映画でした。スティーヴン・スピルバーグ監督のデビュー作『激突！（原題：DUEL）』です。

この映画はロード・レイジ（自動車走行中における、あおり運転や進路妨害などをするドライバーや報復行動全般）という社会問題をモチーフにしています。この問題には怒りの感情が密接に関係している、ということでアンガーマネジメントが社会的に大きく注目されるようになりました。

実際、今でもスピード違反で逮捕された時、アンガーマネジメントの受講命令が裁判所からでることがあります。それくらい車の運転と怒りの感情は深く関係していると考えられています。

その後、さらに大きく注目されたきっかけは、2001年のアメリカ同時多発テロでした。社会不安がアメリカ全体に広がるとともに、アンガーマネジメントが広く注目され、人々が受講するようになっていきました。

なぜ社会不安が広がることとアンガーマネジメントの受講に関係があるかと言えば、**不安は怒りの感情を生み出す大きな原因の1つ**だからです。それまでにも不安をコントロールするためのコーチング、カウンセリング、セラピーなどはあったのですが、不安から生じる怒りを持て余した人達が、この頃アンガーマネジメントになだれ込みました。

今では司法に加えて、人間関係、企業研修、青少年教育、アスリートのメンタルトレーニングとして幅広く活用されるものになっています。

## アンガーマネジメントが日本の職場を救う

私がアメリカから２００８年に帰国し活動を始めた頃は、アンガーマネジメントという言葉自体がほとんど知られていないような状態でした。しかし、その後、２０１１年に一般社団法人日本アンガーマネジメント協会を設立してから、アンガーマネジメントの受講者数は年々右肩上がりに増加しています。

２０１７年度は年間に約22万人が受講しており、統計を取り始めた２０１２年より6年間で講座や講演、研修を通して延べ約60万人の方が受講しています。導入している企業は延べ2000社にのぼります。

また、テレビ、雑誌、新聞、ラジオ、インターネットメディア等、多くのメディアでもアンガーマネジメントが取り上げられるようになり、この数年は毎年年間に1500媒体程度のメディアに登場しています。

これほどまでにアンガーマネジメントの需要が高まっている理由には、先に述べたような働き方改革に象徴される価値観の大きな転換が挙げられます。

価値観が大きな転換期を迎える今、多くの人は生活をしていても、仕事をしていてもずっとストレスにさらされます。なぜなら、今までしてきたことをいきなり変えなさいと言われているからです。

また、前述した通り自分の価値観と違う場面に遭遇すれば怒りの感情を覚えます。そういう場面が生活、仕事の中で増えてきています。

慣れ親しんだものから新しいものへ変わる時には大きなストレスを感じるものですが、皆して一緒にそのストレスを感じているので、皆がイライラしギスギスした状態になってしまっています。つまり、現代は近年稀に見るイライラが募りやすい社会なのです。

しかし、**これまでイライラしたとしても、怒りの感情を抱いたとしても、どうすればよ**

**いのか具体的な方法論はありませんでした。**

それこそ「気持ちの持ち方次第」とか、「忘れてしまえばいいんだよ」といった程度の認識しかなく、多くの人は「じゃあ、具体的にどんなことをすればいいの？」とずっと思っていたことでしょう。

あるいは極端な話、禅寺にでも行って座禅を組んだり、写経でもして煩悩を滅《めっ》するかといった選択肢もありました。しかしこれは、特殊な人ができる特殊なことであり、誰しもができるような方法ではありません。

それでも、今までは社会的には未成熟なところがあったために、会社であれば怒鳴っても平気で、人に当たり散らしても黙認されているようなところがありました。

ところが、社会が成熟してきて、「怒鳴ったり人に当たったりするのは、さすがにおかしいよね」という共通認識が強くなってくるに従い、社会全体が、怒りという感情と上手に付き合わなければいけなくなってきました。

こうした状況があり、アンガーマネジメントが注目されるようになったのです。**アンガーマネジメントは、誰もが簡単に取り組めて、再現性が高いと評価されている体系的なメソッドです。**いくら優れたものでも特別な才能のある人しかできないのでは意味がありません。誰もが取り組むことができ、再現性が高いという評判が広まるにつれて、アメリカから始まり、今ではこうして日本社会にも広く浸透してきました。

## 生産性向上に「感情のコントロール」は不可欠

これまで延べ2000社、約60万人の人がアンガーマネジメントの受講をしていると述べましたが、その業界・業種は非常に幅広いものとなっています。サービス業、製造業、金融業、飲食業、小売業、教育業、運送業、IT業、広告業、メディア、スポーツ業界……。

つまり、どんな仕事においても、組織の中にイライラや怒りの感情があり、生産性が落ちてしまっている、よりよく働ける環境を整備したい、という需要があることの表れと言えます。

また、他には**リーダーシップ研修、管理職研修にアンガーマネジメントを組み合わせる企業も数多くみられます。**リーダーシップ研修にアンガーマネジメントを取り入れる動機としては、「困難な場面、ストレスフルな場面でも感情をコントロールして冷静に対応して欲しい」「多くの部下のマネジメントにおいて、感情のコントロールは必要だ」「組織のパフォーマンスを最大化するためにはリーダーが感情的に成熟していることは不可欠である」といったことが挙げられます。

実際、アンガーマネジメントが始まったアメリカでも、感情のコントロールができない人は大人として未成熟と評価をされ、昇進を妨げる大きな要因になっているという研究もあります。

ここのところ人気があるのが**チームビルディングにアンガーマネジメントを取り入れるケースです**。アンガーマネジメントは怒りの感情を扱うものですが、もちろんチームの中で怒りの感情を上手にマネジメントすることはとても重要な要素になります。

チームビルディングをする時、お互いの価値観のすり合わせなどはとても大切ですが、アンガーマネジメントでも、価値観を目に見えるように表したり、他人の価値観を受容できるようになるといったトレーニングがしっかりと作られています。その点に気づいた企業は積極的にチームビルディングにアンガーマネジメントを取り入れ始めています。スポーツチームから声がかかることも増えています。

最近増えた事例としては、**パワハラ防止のために導入する企業が増えてきています**。一般的にパワハラ防止研修は、法律的なパワハラの定義や、どう防げばよいのかといった知識の講習が中心になります。ところが頭では理解しているつもりでも、感情がついていかずにパワハラが起きてしまっているというケースが非常に多く見られます。

そこでアンガーマネジメントをパワハラ防止対策に付け加えることで、法律、感情の両方から予防、防止していくことに役立てています。

## 機嫌は「ちょっとしたコツ」だけで変えられる

このように、アンガーマネジメントは職場のいたるところで役に立つスキルとして、業界や業種を問わず導入されています。本章の冒頭で、自分が不機嫌なことに気づかず、不機嫌を職場にばら撒いている迷惑な人達の例をいろいろと紹介してきましたが、翻ってあなた自身はどうでしょうか。不機嫌な人にはなっていないでしょうか。

誰だって不機嫌にはなりたくないものですが、人間であれば不機嫌になることくらいはあります。問題は不機嫌になったとしても、誰かに迷惑をかけずに自分で機嫌を直すことができればいいわけです。特に仕事や職場ではそうです。

**アンガーマネジメントができるようになれば自分の機嫌を直すことくらいはいとも簡単にできるようになります。**

怒りの感情のコントロールなんて易々とできるわけがない、実際すごく難しいじゃないかと思う気持ちもわかります。

なぜそう思うかと言えば、先ほど述べたように、これまでに怒りの感情をコントロールする方法を正しく教わったことがある人はほとんどいないからです。学校はもとより家庭でも、具体的にどうすれば怒りをコントロールできるかなんて、教わったことがある人はいないでしょう。

しかし、長いことアンガーマネジメントをやっている私に言わせれば、**アンガーマネジメントなんてちょっとしたコツでしかありません。でも、そのちょっとしたコツを知っているかどうかだけの差は非常に大きいです。**

アンガーマネジメントに限らず、世の中には知っているのと知らないのとでは雲泥の差がでるようなものがあります。例えば、走り方もその1つでしょう。誰でも走ることはできますが、正しいフォームを教わると、途端に今までよりも速く楽に走れるようになります。本当にちょっとしたコツを知っているかどうかだけの差です。

もちろん、アンガーマネジメントは技術的なところも大きいので、誰もがプロレベルになれるといったことは言いません。人によって習得するレベルに差は出るでしょう。

ただ、コツを知って取り組めば、誰でも今日よりは明日、明日よりは明後日、確実に上手くなるものなのです。

# 第2章
# アンガーマネジメントの基礎理論

# アンガーマネジメントは怒らない方法「ではない」

本章では、アンガーマネジメントの基本となる考え方やテクニックについて紹介していきます。

アンガーマネジメントというと、怒らない方法、怒らない人になることが目的のように思う人が多いですが、実際は違います。

アンガーマネジメントでは怒ること自体は全く問題がないと考えています。**アンガーマネジメントは怒らないことではなく、怒る必要のあることは上手に怒り、怒る必要のないことは怒らなくて済む、その線引きが上手く引けるようになること**です。

怒りの感情で後悔をしなくなることとも紹介しています。なぜなら、私達は怒って後悔することもあれば、怒らなくて後悔することもあるからです。

怒って後悔というのは、あんなことで怒らなければよかったという後悔。怒らなくて後悔というのは、あの時怒っておけばよかったという後悔です。

アンガーマネジメントを続けていれば、確かに怒りにくく、穏やかな人になるのですが、それは結果であって、最初からの目的ではありません。

アンガーマネジメントはアメリカでは怒りの感情と上手に付き合うための心理教育、心理トレーニングと考えられています。教育であり、トレーニングでもあるので、学習し、練習することで誰もが上達できます。

実際、アンガーマネジメントは老若男女問わず取り組まれています。アメリカでは就学前の子ども達もアンガーマネジメントを習います。

穏やかな人になろう、人間として丸くなろうというものではなく、いかに現実の社会の中で怒りという感情と上手に付き合えるようになるか。そのための誰もが再現できる実践的なメソッドとして開発されてきたのがアンガーマネジメントなのです。

## 怒りの感情を学び、理解し、上手く取り扱う

多くの人にとって怒りの感情は扱いにくい感情でしょう。怒ることで人間関係を壊してしまったり、イライラして仕事に集中できずに成果が上げられなかったり、上司との関係がギスギスしてしまったり、顧客からのクレームでムカついて仕事が嫌になった経験のある人は多いでしょう。

なぜ怒りの感情は扱いにくいのでしょうか。答えはすごく簡単です。それは、これまでに怒りの感情について学ぶ機会がなかったからです。

私達は生活の中で怒りという感情がどういうものであるか、体験を通じて知ってはいますが、体系立てて学んで、深く理解するところまではしていません。そして、理解ができていないから扱うのが難しいのです。

私達は毎日スマホを使っています。皆スマホの使い方は知っていますが、スマホがどのような仕組みで電波を受信したり、アプリを起動させているのかまでは理解していません。だから、日常で使う分には特に困らないものの、何かトラブルがあった時にはお手上げになってしまいます。

怒りの感情も同じようなものです。普段生きていく上では不自由はしないのですが、何か問題があった時に、その取り扱いに困ってしまうということです。

## 怒りはれっきとした「生存に必要な感情」だ

そもそも、怒りという感情は誰にでも備わっている自然な感情の1つです。嬉しい、悲しい、楽しいといった他の感情同様、人に必要な感情です。どんなに穏やかな人にも怒りの感情はありますし、怒りの感情がない人というのはこの世の中にはいません。

怒りの感情は防衛感情と呼ばれています。防衛感情というくらいですから、怒りの感情は身を守るために備わっている感情なのです。

動物にも怒りの感情があることが知られています。これは1929年にハーバード大学医学部教授のウォルター・B・キャノンによって提唱された闘争・逃走反応で説明されます。

闘争・逃走反応は生物の恐怖に対する反応です。生物は自分にとっての脅威となる存在を目の前にした時、闘うか、逃げるか、どちらかの反応をするというものです。この闘争・逃走反応の際、怒りという感情が関係します。

脅威に直面した時、怒りという感情を使うことで交感神経優位になり、身体を臨戦状態にして、闘争・逃走反応をすることができるようになります。

私達人間は普段の生活や仕事の中で命の危険を感じるような脅威にさらされることはほぼありませんが、何かを侵害されるかもしれない、という脅威を感じることはあります。例えば、立場、考え方、地位、価値観、大切にしているもの等々。何かを侵害されていると感じた時、怒りという感情を使って闘争・逃走反応をするのです。

私達が怒る時、それは何かが侵害されている、何かの脅威に直面しているということです。だから、怒りという感情を使って、その何かを守ろうとしているというのが、科学的に正しい説明になります。

なので、怒ることができない人は自分の身や大切にしているものなどを守れないということになるので、怒るという感情は必要なのです。

## 問題がある「4つの怒り」とは？

ここまで見てきたように、アンガーマネジメントでは怒ること自体は問題ないと考えられています。また、怒りという感情は人にとって自然な感情であり、なくすことはできないものなので、無理やりなくそうとか、感じなくしようとかする努力は間違っています。

ただ、だからといって何でもかんでも怒ればよいのかというと、そういうことではありません。怒るにしても、次の4つの特徴がある場合、それは問題がある怒りだと考えられます。あなたの怒りにもそうした特徴があるでしょうか。

1. 強度が高い
2. 持続性がある
3. 頻度が高い
4. 攻撃性がある

## 1. 強度が高い

怒りの「強度が高い」というのは、ちょっとしたことでも激昂してしまう状態です。あなたの周りにもいるのではないでしょうか。怒るたびに大声を出したり、あからさまに不機嫌な態度をしてみたり、周囲の誰が見てもあの人は怒っているというのがわかりやすいのは、怒りの強度の高い人の特徴です。

周囲の人から「些細なことでなぜそんなに強く怒るのだろう?」と思われるようであれば、それは怒りの強度が高いと言えます。

## 2. 持続性がある

怒りの「持続性がある」というのは、ネチネチとしつこく怒ったり、愚痴っぽかったり、昔のことを思い出したように怒り始めたりと、怒りの感情が持続している状態です。「前から言っているけど」といった口癖があったり、喧嘩をすると決まって昔のことを引っ張り出してきてそのことまで怒り始めるなどの特徴があります。

怒りの感情にとらわれてしまうと時間感覚がなくなってしまうので、遠い昔のことでも本人は昨日のことのようにありありと思い出すことができます。怒られている側にしてみれば、「なぜ今そんなことを言うのだろう?」と思ったとしても、怒りの持続性がある人にとっては現在進行形のことのように思えているのです。

## 3. 頻度が高い

怒りの「頻度が高い」というのは、一日中イライラしているような状態です。何が気に入らないのかわからないがイライラしていたり、何につけても舌打ちをしてみたり、すぐにカチンときたりすることが多い人は怒りの頻度が高い人です。

せっかちな人やせかせかしている人などは頻度が高い傾向にあり、貧乏ゆすりをしている人なども頻度が高いと思われるでしょう。

## 4．攻撃性がある

怒りの「攻撃性がある」状態は、その怒りがどこに向かっているかで、次の3つに分けられます。

**1．他人に向かう怒り**
**2．自分に向かう怒り**
**3．モノに向かう怒り**

「他人に向かう怒り」とは、怒った時に誰かを責めがちな人です。人を追い詰めたり、関係のない人にまで八つ当たりをすることがあります。

「自分に向かう怒り」とは、自分の中に溜め込んでしまう怒りのことです。怒ったとしてもそれを人に言うことができず、自分の中に押し込めることは、英語ではStuffing（詰め込むこと）と呼ばれ、自分に対する攻撃になります。

「モノに向かう怒り」とは、モノを壊したり乱暴に扱ったりするような怒りです。何かを投げてみたり、ドアを思い切り閉めてみたり、パソコンのEnterボタンを必要以上に強く叩いたりすることが当てはまります。スポーツの試合を見ていると、道具に八つ当たりをしている選手を見ることがありますが、まさに攻撃性がモノに向かっている例です。

さらに、これらの方向はどれか1つだけに向かうわけではなく、組み合わさって向かうこともよくあります。

怒りの感情を上手に扱えるようになると、怒りの感情を何かを壊すことではなく、建設的に生かす方向に活用できるようになります。その方法については第7章で詳しく解説します。

## 怒りには必ず「別のマイナス感情」が隠れている

これまであなたは誰かについて怒りっぽい人とか、そうでないとかいう話をしたことがあると思います。その時に言っていた怒りっぽいというのは、先ほどの強度、持続性、頻度、攻撃性のどれを具体的に指していたのでしょうか。

おそらくどれでもありというか、なんとなく怒りっぽい、怒りっぽくないのどちらかと判断していたのではないでしょうか。

怒りの感情は学習すれば理解が深まります。理解が深まれば、より扱いやすくなります。少なくともあなたは今、怒りの感情について、強度、持続性、頻度、攻撃性（他人、自分、モノ）という6つの尺度を理解しました。

次にあの人は怒りっぽいと言うにしても、課長は強度が高い怒りっぽさだよねとか、取引先のAさんは頻度は低いけど持続性がある怒り方だよねといった具合に、もう一歩踏み込んで具体的な怒りの特徴を言えるようになります。具体的に言えるようになることで、自分が伝えたい意図がより正確に相手に伝わるようになるでしょう。

さて、怒りの感情についてもう少しだけ深く理解をしていきましょう。怒りの感情の中でも非常に大事な概念なので、ぜひこれは覚えておいて欲しいというものです。

**怒りは第二次感情と呼ばれています。** 第二次というくらいですから、それに対して第一次感情があります。

怒りの感情は決して空から何の前触れもなく降ってくるような感情ではありません。仕組みがあってはじめて生まれます。

図2-1　怒りは第二次感情（氷山）

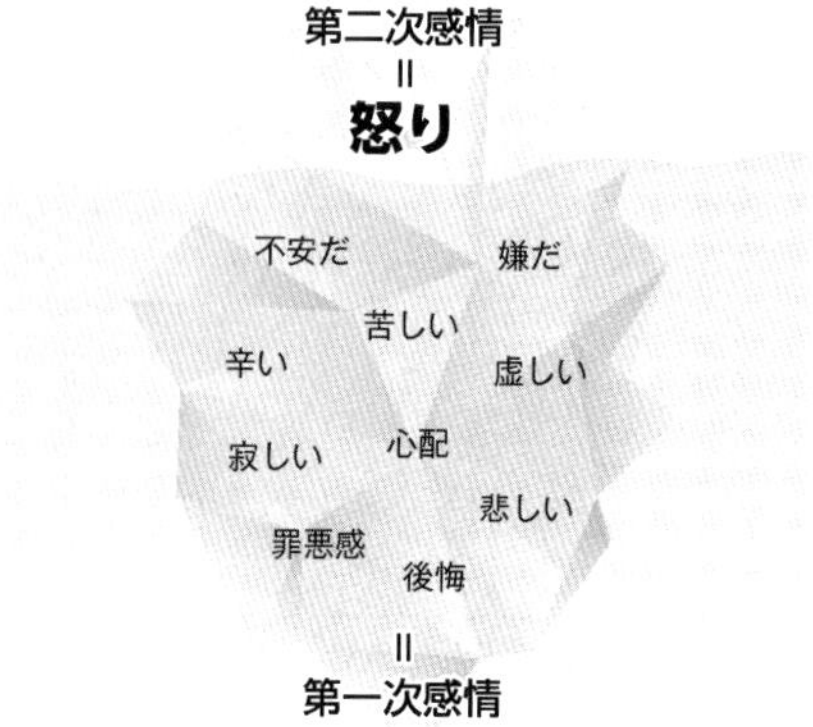


図2－1を見てください。怒りの感情は氷山に例えられます。氷山は水面に出ている部分は全体の1割程度で、水面下に残りの9割が隠れているとよく言われます。怒りの感情も氷山にちょうど似たような説明ができます。

怒りの感情というのは、目に見えて表現されている部分はほんの一部分で、実はその怒りの感情の裏には、不安だ、苦しい、寂しい、悲しい、辛い、といった一般的に言うところのマイナスな感情が隠れています。**この隠れた感情を第一次感情と言います。**

怒りの感情は、この第一次感情を上手に伝えることができずに、怒りという感情を使って表現をしていると言えます。

この仕組みを理解しておくと、怒っている人と上手に付き合うことができるようになります。なぜなら、**怒っている人は怒っているということが一番伝えたいことではなく、その裏に隠れている第一次感情を理解して欲しいと思っているからです。**

ただ第一次感情を上手く伝えることができないので怒るという方法でそれを伝えようとしているのです。

また、怒りは万能感情と呼ばれることもあります。怒ることによって、他の感情をごまかしたり、忘れたりすることができます。例えば怒ることで、悲しい出来事があったという記憶を忘れたり、感じている痛みをまぎらわせるといった機能もあるのです。

瞬間湯沸かし器のように怒る、という表現がありますが、本当のところは瞬間的に怒るということはありません。怒る瞬間には、すでに氷山の水面下に隠れた感情が大きく形成されているのです。

あなたもこういう経験があるでしょう。同じ出来事があっても、ある日はとても気になるけど、ある日はスルーできてしまう。例えば、歩きスマホをしている人を見かけたとして、気になる日もあれば、特になんとも思わない日があるといったことです。

これは氷山の水面下の状態が関係しています。水面下に大きな第一次感情がすでに形成されていれば、それに比例して水面上に怒りの感情が現れる確率が高くなります。

人の怒りの感情の裏には何らかの第一次感情が隠れています。クレームに対応する時などは、この第一次感情を上手に聞けるかどうかで、対応の可否が決まるといっても過言ではありません。

## 怒りの「衝動」をコントロールする技術

ここまで、怒りの特徴や性質について、具体的に見てきました。ここからは、いよいよアンガーマネジメントの実際の方法について見ていきます。

アンガーマネジメントは大きく分けると次の3つのメソッドから作られています。

1. 衝動のコントロール
2. 思考のコントロール
3. 行動のコントロール

衝動のコントロールは、イラッとした時、カッとなった時に、怒りにどのように対処すればよいかということです。

思考のコントロールは、そもそもどのような考え方を持っていれば、怒りという感情と上手に付き合えるようになるかということです。

行動のコントロールは、怒ること自体はダメではないので、怒るにしてもその時にどのように振る舞えばよいのか、行動を選択するということです。

ここでは、まず衝動のコントロールを解説していきましょう。

先に書いた通り、衝動のコントロールは、イラッとした時、カッとなった時にどのように怒りに対処するかについての考え方、テクニックになります。

**イラッとした時、一番やってはいけないことが「反射」です。**反射的に言う、反射的に動く、反射的に言い返す、仕返すなど、怒りの感情に支配された状態で、とっさに何かをしてよいことはまずありません。売り言葉に買い言葉という諺《ことわざ》は、怒りによる反射の典型的な例ですが、それで事態が丸く収まることはまずないでしょう。

あなた自身をコントロールしているのは理性です。感情ではありません。人生は複雑にできているので、感情のままに動くことが正しい時もあるとは思いますが、基本的に感情のままに行動していると、社会や仕事の中で望ましい結果を得ることはとても難しいと言えるでしょう。

経済評論家の勝間和代氏は感情の仕組みについて、象（感情）と象使い（理性）の関係で説明をしています。

象使い（理性）は象（感情）が暴走しないようにいつもコントロールしようとしていて、何もなければ上手に操ることができています。ただ、象は身体が非常に大きく力も強いので、一度暴走し始めてしまうと、象使いもコントロールできなくなってしまいます。

衝動をコントロールするということは、まさに象が暴れ始めた時にすかさず対処して、象を暴走させないようにコントロールすることを意味します。

熟練の象使いであれば、どんなに象が暴れても上手に対処することができますが、私達はこれまでの人生で象使いとしてのトレーニングをあまり受けてきませんでした。アンガーマネジメントは象使いとしての技術を磨くトレーニングなのです。

象使いが象に全戦全勝できればよいのですが、これからの人生、たまには負けることもあるでしょう。ですが、トレーニングを重ねることで勝率を確実に高めることはできます。

## 「6秒」待てば、理性的になれる

怒りの感情が生まれる時、脳内では様々な変化が起きています。怒りの感情が生まれると、大脳の中の大脳辺縁系と呼ばれる部分が活発に動きます。ただ、このままでは感情に支配されて動くことになってしまいます。

その一方で、大脳新皮質の中にある前頭葉と呼ばれる部分を使って理性的に対処しようとします。人が人たる所以は感情に支配されることなく、理性によって冷静に考え、行動することができるからです。

怒りという感情が生まれた時の脳の中の状態を非常に簡略的に説明すれば、大脳辺縁系で怒りが生まれ、前頭葉が介入し抑制をするというモデルです。

ここで問題となるのは、前頭葉が介入するのに若干の時間が必要になるということです。前頭葉がどれくらいの時間で介入できるのかは完全には科学的に解明できていません。

ただ、筆者達がこれまで数多くのクライアントに接しながら研究してきたところ、**ほとんどの人は6秒あれば理性的になれるのではないかという考えに至りました。**

そこで私は衝動をコントロールする時に6秒ルールを提唱しています。これからはどんなにイラッとしても、カッとなっても、反射をすることなく6秒待ってください。

6秒待てれば、怒りの感情が消えはしないまでも、象使いが象を上手にコントロールできるようになります。怒りの感情に支配されることなく、理性的に考え、行動できるようになるのです。

腹が立った時に6秒なんて待てないと思うかもしれません。それは6秒ルールの練習をしていないからです。衝動のコントロールも技術なので、練習すればもちろん誰でもできるようになります。

実際、6秒ルールは就学前の子ども達にも教えていますが、子どもでもできるくらい簡単なものです。

## テクニック① スケールテクニック
### 「怒りの温度計」で自分の怒りの度合いを把握する

ここでは実際に6秒待つためのテクニックを紹介していきましょう。まずは2つのテクニックを覚えてもらいます。

1つ目は、英語ではスケールテクニックと呼ばれるものです。日本語に訳せば、さしずめ「怒りの温度計をつける」といったイメージになります。

怒りの感情のコントロールが難しいと思われる理由はいくつかありますが、その中の1つが、**怒りの感情は目に見えないので、これまで尺度を使って測ったことがない、**というものです。

私達は普段の生活の中で実に多くの尺度に囲まれて暮らしています。例えば、身体にまつわるものであれば、身長、体重、体温、血圧、体脂肪率、肌年齢、コレステロール値、視力等々、挙げていけばきりがありません。

なぜこうした尺度があるかと言えば、尺度があることで程度がわかり、比較したり、伝えやすくなったりするからです。

今日の最高気温が30度と言われれば、かなり暑いなということがわかります。全く行ったことのない海外の土地であったとしても、気温を見ておくことでどれくらいの服装をすればよいのかが感覚的にわかり、それに備えて準備することができます。

ところが怒りの感情は目に見えないために、これまで尺度を使って測るということをしたことがなかったと思います。だから、これまでは怒っているとか、怒っていないとか、何となくイライラするくらいの感じで、怒りの感情をそれとなく分類していただけではないでしょうか。

そのため、自分がどの程度怒っているのかがよくわかりませんでした。また、前に感じた怒りと今の怒りがどれくらい違うのかといった比較をすることもできませんでした。

そこで、これからは怒りを感じる度に尺度を使って温度（点数）をつけていきます。**点数をつけることで、自分の怒りを目に見えるようにすることができ、怒りの感情を扱いやすくすることができます。**その結果、ムダに不安になることなく、冷静に判断する余裕ができ、6秒間待てるようになるのです。

では実際にスケールテクニックに挑戦してみましょう。これからは怒りを少しでも感じたら、図2－2のように温度計を頭の中に思い浮かべます。

0を穏やかな状態、10を人生最大の怒りとして、今感じている怒りがどの程度の怒りなのか点数をふってみましょう。

気温などと違って怒りの温度に絶対値はありません。自分の中の相対的な基準で構わないので、これくらいという感じで点数をつければOKです。

はじめのうちは点数を高くつけたり、低くつけたりとなかなか定まらないかもしれませ

図2-2　怒りの温度計（スケールテクニック）

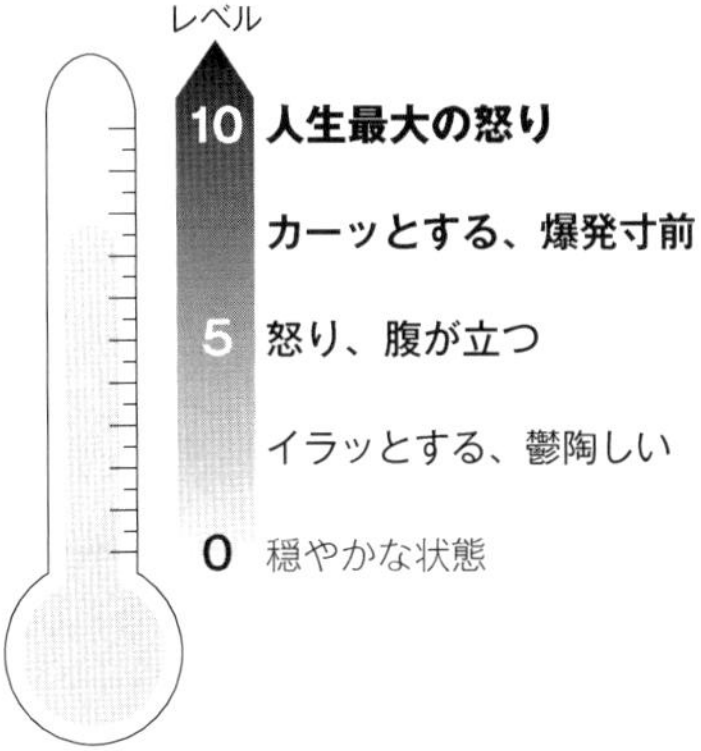


ん。これを8点にするとこの前の5点はおかしいなとか、これを4点にするとこの前の1点は違うかもしれないといった具合です。

ただ、何十回も繰り返しつけてみてください。自分の中で徐々に綺麗な点数の階段ができてきて、安定して点数をつけられるようになります。

また、ここでのポイントは10点の怒りという「怒りの天井」を設定することにもあります。人生で最大ということは、これからもこのレベルの怒りを感じることはまずないのではないでしょうか。

仮に動物が10点の怒りを感じたとしたら、それこそ目の前の脅威を食い殺そうとするくらい強い衝動でしょう。そんな強い衝動を私達が普段の生活、仕事の中で感じることはまずありません。

　そうすると実際には、9点、10点といった点数をつけることはあまりなくなり、点数は低い方に集まってくることを実感するでしょう。つまり、実は私達は自分が思っている程、強くは怒っていないのです。

　それに、自分の怒りのレベルがこの程度だなという基準がわかれば、おのずと対処法も頭に浮かぶようになります。

「このくらいの強さの怒りであれば、レベル3だな。それほど大した怒りではないけれど、注意しておこう」

「今の怒りは、レベル6くらいだったな。一旦手を止めて、冷静になった方がいいかもしれない」

　このように、スケールテクニックを続けることで、自分の怒りを「客観的に見るクセ」がついてきます。最終的には、職場であろうとどこであろうと、怒りを感じてから6秒の間に、冷静さを取り戻せるようになるでしょう。

## テクニック② コーピングマントラ
## 「魔法の言葉」でどんな時でも落ち着きを取り戻す

スケールテクニックの次はコーピングマントラというテクニックを紹介します。コーピングとは困難なことに上手く対処する、マントラとは呪文の意味です。日本語では「自分を落ち着かせる魔法の言葉」といったところでしょうか。

あなたがイライラしている時、あるいは落ち込んでいる時など、誰かに寄り添われてそっと優しい言葉をかけてもらうと、気持ちが落ち着いたり、ホッとしたという経験があると思います。これは自分が誰かに受け入れられた、理解してもらえたという安心感からくるものです。

人には承認欲求というものがあります。承認欲求というのは、誰かに認められたり、自分を肯定されたい、受け入れてもらいたい、正しいと言ってもらいたいという欲求です。

なぜ承認欲求があるかと言えば、人は社会的な生き物なので、他の誰かとつながっていることで、自分の存在を確認することができるからです。

人は孤独を嫌がります。２０１７年のアメリカ心理学会の年次総会で、孤独や社会的孤立は公衆衛生において非常に大きな脅威となっていて、早急な対策が必要であるということが、アメリカ・ブリガムヤング大学のジュリアン・ホルトランスタッド教授により発表され衝撃を与えました。

私達は誰かに認められたい、理解されたいと思っていますが、本当は自分を一番受け入れ、理解できるのは自分自身です。自分はあるがままでいい、このままでいいと受け入れることができれば、誰かに頼らなくても十分に承認欲求は満たされるはずです。

ただ、残念ながらそこまで自信を持って自分を受け入れることはなかなかできません。そこで誰かに受け入れて欲しいと思うようになるのです。

ただ、イライラしている時、落ち込んでいる時に、誰かに代わって自分で自分に声をかけることで、気持ちを落ち着かせることはできます。

アンガーマネジメントではこの心理を利用して、**自分の気持ちを落ち着かせることのできる魔法の言葉をあらかじめ用意しておき、怒りを感じた時にその言葉を自分に言い聞かせて気持ちを落ち着かせます。**

怒りを感じている時に口を開けば、どうしても「何やってるんだ！」「どうしてそんなことを言うんだ⁉」と、目の前の相手を責めるような言葉を発しかねません。そしてその言葉は取り返しのつかない結果に結びついてしまうことがあるでしょう。

用意しておく魔法の言葉は自分の気持ちが落ち着くものであれば何でも構いません。例えば、よくあるものとしては次のようなものがあります。


「どうってことない」

「大したことない」

「明日には忘れてる」

「いい勉強になる」

「まあ、なんとかなるか」……etc.

こういったフレーズ以外にも、子どもの名前、ペットの名前、好きな食べ物を魔法の言葉にしている人もいます。

ポイントは心が落ち着く、冷静になれる言葉を選ぶことです。この時に相手を罵倒するような言葉を思い浮かべては怒りがよりヒートアップしてしまうのでNGです。

そして、心の中で2、3度つぶやいてみましょう。魔法の言葉を使う目的は反射をしないためなので、6秒待つためにも心の中で唱えて一瞬の間をあけるということがとても大切になります。

ちなみに、筆者の魔法の言葉は「そういうこともあるか」です。生きていれば、仕事をしていれば、自分には理解が難しいこと、理不尽なこと、理由がわからないことなんていくらでもあります。だから、そうした時に「まあ、そういうこともあるか」と心の中でつぶやいています。

実は魔法の言葉は言葉に限りません。動作を用意しておくという方法もあります。例えば、怒りを感じた時にグーパーしたり、首を大きく回したり、深呼吸したりといった身体を使った方法でも構いません。

怒りを感じた時にあらかじめする動作を決めておき、それをすることで6秒待てるようであれば、それは魔法の言葉と同じ効果があります。

あなたは6秒待つためにどのような魔法の言葉を用意しておけばよいでしょうか。ぜひいくつか用意しておき、必要になったら心の中でつぶやいてみてください。

# 怒りの「思考」をコントロールする技術

ここまで、衝動のコントロールの方法について見てきましたので、次は思考のコントロールについて見ていきましょう。

私達は様々なことにイラッとしたり、怒りを覚えることがあります。朝の通勤電車を考えただけでも、車内の混み具合、リュックを背中に背負っている人、入り口付近から頑なに動かない人、降りようとしたら肘が当たった等々、いくつも挙げることができます。

その後、仕事を始めれば、顧客からのクレーム、部下からの報告がない、仕事がはかどらない、急に発生する雑用、こちらの都合を無視したスケジュール依頼、呑気な上司の発言等々、これまたいくらでも挙げることができます。

ところで私達は本当のところ、一体何に怒っているのでしょうか。大きく分ければ、次の2つの要素に分かれます。

・人
・出来事

人というのは、例えば特定の後輩だったり、上司だったり、あるいは街中でたまたますれ違った誰かかもしれません。特定の誰かにイラッとすることが多ければ、それは人に怒りを感じているかもしれないということになります。

一方で出来事というのは、例えば部下が遅刻をしてきた、上司が無責任な発言をした、自分が忘れ物をしてしまった等という出来事に腹が立つことが多ければ、それは出来事に怒りを感じているかもしれないということになります。

さて、あなたは人に怒りを感じることが多いでしょうか、それとも出来事に怒りを感じることが多いでしょうか。人と言われれば人のような気もするし、出来事と言われれば出来事のような気もする……。とは言え、自分の過去の怒りの経験を、「人」か「出来事」か、明確に分類するのは難しいはずです。

なぜ、難しいかと言えば、答えはとても簡単です。実は私達は「人」にも「出来事」にも怒っていないのです。どちらにも怒っていないから、選ぶことが難しいのです。

では私達は一体本当のところ、何に怒っているのでしょうか？

## 私達が怒る本当の理由は「コアビリーフ」にあり

**私達が怒る理由、それは自分が信じる「べき」が目の前で裏切られた時です。**「べき」とは「～するべき」「～するべきでない」の「べき」です。

例えば、「朝は挨拶をするべき」と思っているのに相手が挨拶をしない時、「電車は降りる人を優先するべき」と思っているのに先にどんどん人が乗り込んできた時、「報告は部下からするべき」と思っているのに報告がない時、「家事は夫婦で分担するべき」と思っているのにどちらか一方に偏っている時等々……。会社や生活の中で、私達は実に多くの「べき」を持っています。

この「べき」というのは、言い換えるなら自分の理想、願望、欲求といったものです。現実が自分の思う通りになっていない時、私達は怒るのです。

**アンガーマネジメントでは、この「べき」のことをコアビリーフと呼んでいます。**コアというのは核、ビリーフというのは信じているものという意味です。自分の中で価値観の核になっているようなものです。コアビリーフは価値観の元になる心の奥底にある辞書のようなものとも例えられます。

「べき」というのはコアビリーフを象徴する1つの言葉です。べきの他には、「～のはず」「当たり前」「常識」「普通」「～であって欲しい」といったような言葉もあります。

アンガーマネジメントの見地から怒りの感情が生まれる仕組みを正確に言うならば、自分のコアビリーフが裏切られた時に怒りの感情が生まれるという説明になります。

ここではせっかくなので、自分がどのようなコアビリーフを持っているかを一緒に考えてみましょう。

コアビリーフを本格的に見つけるためには第4章で後述する「べきログ」という記録をつけたり、「3コラムテクニック」というテクニックを使って自己分析したりするのですが、ここではもっと簡単に手っ取り早く自分のコアビリーフを見つける方法を紹介します。

私達の行動は基本的にコアビリーフによって裏付けられています。ですので、**自分が一日を通じてどのような行動をしているのかを振り返れば、簡単に自分のコアビリーフを見つけることができます。**

例えば、今朝、あなたは朝食を食べたでしょうか？　もし食べたとすれば、なぜ食べたのでしょうか？　それは、何となくでも朝食は食べるべきだと思っているからではないでしょうか。逆に食べなかったとしたら、それはなぜでしょうか？　朝食はとるべきではないと何となく思っているからでしょうか。

もし朝食をとっていたとすれば、ご飯だったでしょうか？　あるいはパン、シリアルといったものだったでしょうか？　それを選んだ理由はどういったことでしょうか？

このコアビリーフは自分が意識的に、あるいは無意識的に信じていたり、決めているものです。そして重要なものから重要でないものまで実に幅広く、数多くあります。

例えば、筆者の場合、「コーヒーはブラックで飲むべき」というコアビリーフを持っています。理由はできる限り砂糖や脂質をとりたくないと意識しているからです。ですから、コーヒーを買う時はいつもブラックです。ただその一方で、誰かがカフェラテを買ってきてくれたとしたら、ありがとうと言って飲みます。言ってしまえば、それくらいの度合いのものです。

その一方で、「人が好きでやっていることには、とやかく口出しするべきでない」というコアビリーフも持っています。こちらについては、結構強く信じているところがあります。なので、もし誰かが自分に対して、あるいは別の誰かに対して、そのような発言、態度をした時、正直少しカチンときます。本人が好きでやっているんだから、正しかろうとそうでなかろうとまずは見守っておけばいいじゃないかと強く思うのです。

さて、あなたはいかがでしょうか。朝からの行動を振り返ってみて、自分はどのような信念によって行動あるいは選択をしてきたでしょうか。

コアビリーフが自分を怒らせる本当の正体ですので、自分がどのようなコアビリーフを持っているかがわかれば、どのようなことで怒るのかがわかります。

また、周りの人がどのようなコアビリーフを持っているのかがわかれば、いつ、どこで、誰が、どのように怒るのかも手に取るようにわかるのです。

自分だけではなく、周りの人がどのようなコアビリーフを持っているのか観察することで、人の怒るポイント、いわゆる地雷発言や態度、振る舞い、きっかけなどが手に取るようにわかるようになるのです。

## コアビリーフの扱いが難しい理由

このコアビリーフと上手に付き合えるようになるとアンガーマネジメントは上達するのですが、コアビリーフは上手に付き合うのがなかなか難しいのも事実です。

それにはいくつか理由があります。それらの理由は次のものです。

・全部正解
・程度問題
・時代、立場、場所等によって変わる

全部正解というのは、信じている本人にとってはどんなコアビリーフも正解であり、問題があるようには思えないということです。極端な話、仮に本人のコアビリーフが明らかに反社会的なものであったとしても、少なくとも本人にとっては正しい、ということになります。

程度問題というのは、信じているコアビリーフが同じように見えたとしても、その程度が異なることがよくあるということです。

例えば、社会人であれば多くの人は「時間は守るべき」というコアビリーフを持っていると思います。では、それは本当のところ、どの程度のことを意味するのでしょうか。

例えば、10時集合と一口に言っても、ある人は5分前くらいに来ればいいと考えているかもしれません。またある人は5分くらい遅れてもいいと考えているかもしれません。もし、この2人が待ち合わせをしたらどうなるでしょうか。確実に揉めることになるでしょう。でも、2人とも「時間は守るべき」と思っているのです。これが程度問題ということです。

時代、立場、場所等によって変わるというのは、例えば、東京ではエスカレーターは歩く人の道を空けるために左に寄って立つものですが、関西では右に寄って立つものです。このように、場所や時代、立場によってコアビリーフは大きく変化するということです。先の例でいえば、JRの立場からすると、そもそもエスカレーターは真ん中に立つもので、歩くべきではないということになるかもしれません。

また今の大人が子どもの頃は誰にでも挨拶をするべきと教えられていましたが、今は全く逆になっていたりします。防犯の観点からすると、知らない人には挨拶するべきでないと教わったりします。

## 怒りの原因は他ならぬ「あなた自身」

アンガーマネジメントを知るまで、私達は自分を怒らせる理由は誰かであったり、出来事であったりと、自分の外にあるものだと思っていました。ところが、自分を本当に怒らせる理由はすべて自分の中にあるコアビリーフだったのです。

つまり、**自分が怒る原因を作っていたのは他ならぬ自分だった**ということです。

自分が自分を怒らせる原因を作っていたとなると、これまで感じていた怒りは全部自分のせいだったのか、とやりきれなくなるかもしれません。でも、これはすごくよいことです。

もし自分を怒らせる原因が人や出来事にあるのであれば、自分にはどうすることもできないことだらけになりかねません。そうなれば、私達は人や出来事の奴隷になってしまいます。

そうではなく、**自分の中に原因があるからこそ、自分の感情は自分で責任を持って選ぶことができます**。ひいてはそれが自分の人生を自分で生きることにつながります。

怒りの感情は図2－3のようなステップを踏んで生まれます。まずは何らかの出来事があります。それを見たり体験し、それがどういう意味を持っているのかを考えます。その意味づけをする時に、自分のコアビリーフを参照します。

図2-3　怒りが生まれるメカニズム

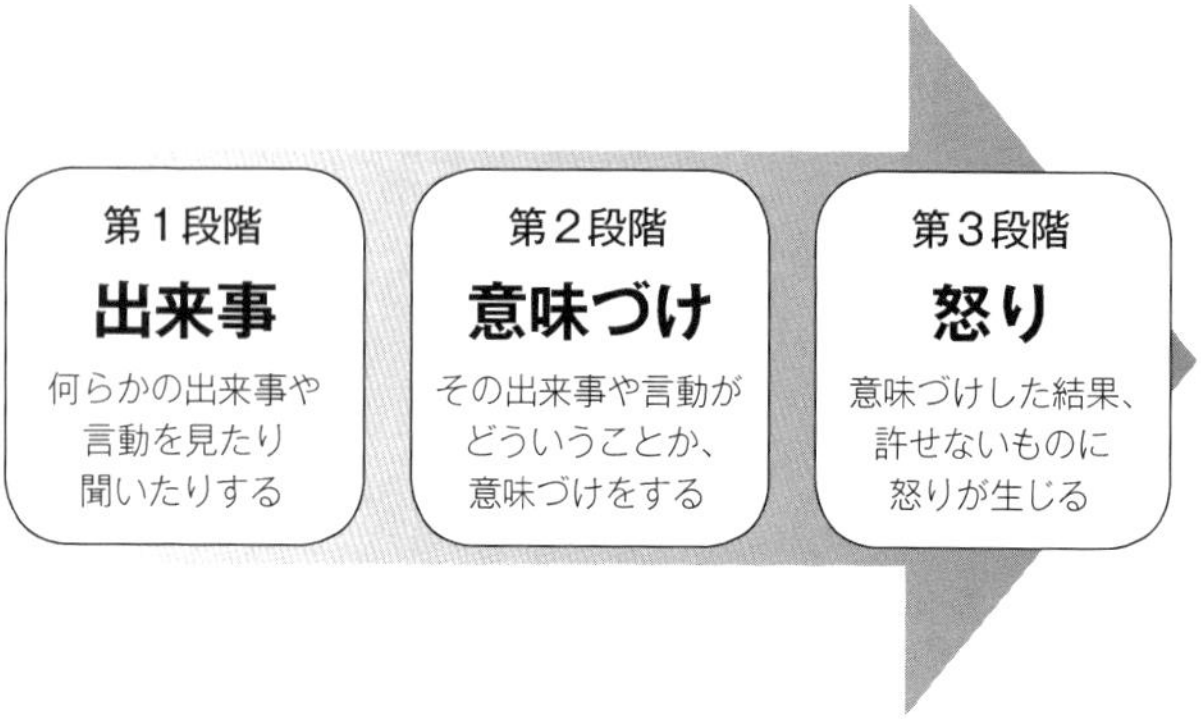
第1段階
出来事
何らかの出来事や
言動を見たり
聞いたりする
第2段階
意味づけ
その出来事や言動が
どういうことか、
意味づけをする
第3段階
怒り
意味づけした結果、
許せないものに
怒りが生じる

例えば、上司から叱責されたという出来事があったとします。ある人は「自分のためを思って叱ってくれるなんてありがたい」と感謝の気持ちを持つかもしれません。一方で、ある人は「なんでそんなつまらないことで叱るんだ？」と上司に不信感を抱くかもしれません。

このように、上司から叱責されるという同じ出来事であったとしても、それをどう捉えるかによって、生まれる感情、そしてその後の反応は全く違ったものになります。

出来事そのものには意味はなく、それをどう意味づけするかに私達の感情は大きく左右され、その意味づけをする時の元になるものがコアビリーフになります。

## 「怒りの境界線」を知れば、何も怖くない

コアビリーフと上手に付き合っていくのは一筋縄ではいきません。ただ、先にも書いたように、アンガーマネジメントを上達していくためには、コアビリーフと上手に付き合う術を身につけることが必要です。

そこで必要になるのが、アンガーマネジメントの思考のコントロールです。アンガーマネジメントは怒らなくなることが目的ではありませんが、そもそも普段からどのような観点で物事を考えていれば、ムダにイライラしたり、怒らずに済むようになるのかという視点はとても大事です。

思考のコントロールは図2－4のような三重丸の図を使って考えます。私達の心の中にはこのような三重丸があると思ってください。

三重丸は次のような構造になっています。

**1．許せるゾーン……**一番中心にあるゾーン。特に違和感を覚えない、自分の価値観と全く同じ範囲。

図2-4　思考のコントロール

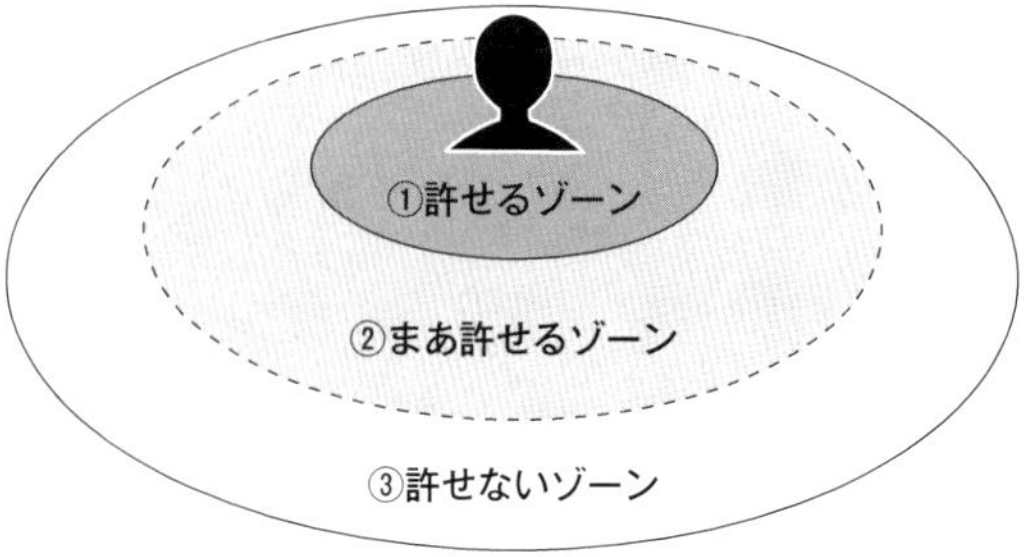


**2. まあ許せるゾーン**……中心から二番目のゾーン。自分の価値観とは全く一緒ではないものの、まあ許せるかなと思える範囲。

**3. 許せないゾーン**……最も外側にあり、自分の価値観と大きく異なる上に、許すことができない、受け入れることができないという範囲。

この三重丸は誰もが持っているものです。誰が正解で、誰が不正解ということではなく、形は違えども、誰もが持っているものです。

アンガーマネジメントとは怒らないことではなく、怒る必要のあることは上手に怒れ、怒る必要のないことは怒らなくて済むようになることです。

言い換えれば、自分なりの三重丸を明確にしていく作業です。極端なことを言えば、**②まあ許せるゾーンと、③許**

**せないゾーンの「境界線」さえはっきりしていればいいのです。**なぜなら、そこが怒る必要のあることと、怒る必要のないことの境目だからです。

ところが多くの人はこの境界線について大きな問題を抱えています。先に言ってしまえば、次の2点です。

**1．境界線が目に見えないこと**
**2．境界線が日々変動してしまっていること**

問題点①
## 境界線が目に見えないこと

まず、「境界線が目に見えないこと」については、コアビリーフなどと同様、境界線を普段から意識している人はほとんどいないので、可視化されていないということです。しかし、こうすると三重丸は目に見えるようになるという方法はあります。

先ほど、コアビリーフの「程度問題」について述べた箇所で、「時間は守るべき」という例を考えました。この例と同様に、あなたは10時集合と言われたら、何時何分に来るべきだと思いますか？　あえて状況は設定しませんので、シンプルに10時集合ということで考えてみてください。

考えてみたでしょうか。ではこれから、ここに9時半から順に時間を書いていきます。その時間に相手が来たとしたら、それはあなたにとって①許せるゾーン、②まあ許せるゾーン、③許せないゾーンのどれになるか考えてみてください。

ここで言う①許せるゾーンは「自分も同じような時間感覚である」という意味です。「私はそこまではしないけど、別にいいんじゃない？」くらいであれば、それは②まあ許せるゾーンです。「理解できない、これは怒りを感じてしまう」というものが、③の許せないゾーンです。

さあどんどんいきましょう。

9時30分
9時40分
9時45分

9時50分
9時55分
9時59分
10時
10時1分
10時5分
10時10分……。

さていかがでしょうか。自分なりの三重丸はなんとなくわかってきたでしょうか。もし周りに誰かいるようなら、その人達の三重丸を聞いてみてください。思いの外、自分と全く同じ意見の人がなかなか見つからないことに驚くでしょう。

筆者はこの質問を全国の講座や研修に参加した人達に聞いています。世の中には9時50分でも③の許せないゾーンの人もいれば、10時10分でも①の許せるゾーンという人もいます。本当に人それぞれなのです。

繰り返しになりますが、誰が正解で、誰が不正解ということはありません。単純に人によって考え方、捉え方が違うというだけのことです。

ここで問題としていたのは、三重丸がそもそも目に見えないことです。これまで自分が問題なく許せること、まあ許せること、許せないことの基準を言葉にしたことはほとんどなかったと思います。

言葉にしていないということは、**自分の中で明確な基準ができていないというだけでなく、それは他の人からも見えていないということになります。**

だから怒った時でも相手になかなかその真意が伝わらないのです。例えば、あなたが一生懸命さが足りないなと思っている後輩に「仕事ってさ、一生懸命取り組むものだよ」と言えば、後輩は「自分なりに一生懸命やっているつもりです」と返ってきます。

自宅で妻から「家事って分担するべきなのに、全然分担してくれないじゃない」と言われれば、「自分なりに分担してやっているつもりだよ」と返してしまいます。

このように、すべてに「自分なりに」という枕詞がついてしまうのです。それはどういう状態であれば問題ない状態なのか、まあ許せるという状態なのか、許せない状態なのか、その境界線が見えていないからです。

これが目に見えないという問題点です。

問題点②

## 境界線が日々変動してしまっていること

そしてもう1つの問題点である「境界線が日々変動してしまっていること」というのは、先の例でいうと、ある日は10時に来ても怒らないのに、ある日は5分前でも遅いと怒ってしまうといったことです。こうなると、怒られた側はなぜ自分が怒られているのか全く理解できません。

子育てをしている人は、こういった経験がよくわかるかもしれません。子どもが部屋を散らかした時、ある日は片付けなさいと怒るのに、ある日は自主性に任せてみようと思い様子見する。しかし、これだと子どもの側からすると、なぜ今日はセーフなのか、あるいはアウトなのかの基準がわからないのです。

このように、**怒りの三重丸はいとも簡単に機嫌によって支配されてしまっているのです**。機嫌のよい時は②まあ許せるゾーンが広がり、割とどんなことでも許せます。ところが、機嫌が悪い時は②まあ許せるゾーンが狭くなり、普段平気で許していることも許せないようになってしまうのです。

このような経験を、私達は成長する中で重ねていきます。学校に行けば、同じことをしてもA先生はいつも怒らないけど、B先生は怒る時とそうでない時がある。会社に入れば、C上司は怒るけど、D上司は怒らない……でも、たまに変なことで怒られる等々。すると私達は経験を通じて、怒られた時にこう考えるようになります。「そうか、どうせ今は相手の機嫌が悪いのだから放っておけばいいんだ」と。

しかし、これは相当に経験を積んだ上での話です。普段一緒に働いている仲間でさえ、最初はお互いの三重丸が見えません。だから、お互いの機嫌をうかがう必要が出てくるでしょう。

その度合いが少しくらいなら問題はないでしょうが、そればかりということになれば、仕事の生産性は落ちてくるかもしれません。ましてや、「自分が何で怒られているのかわからない」という理由で部下が辞めてしまうなど、人間関係が壊れてしまえば、それどころではなくなります。

ここまで怒りの境界線が目に見えないこと、そして日々変動するということを見てきました。ではどうすればこういった問題点に対処して、ムダにイライラしなくなり、また怒ることが上手になるのでしょうか。そのためには次の3つの方法があります。

1. まあ許せるゾーンを広げる
2. まあ許せるゾーンの境界線を安定させる
3. 自分の三重丸を人に見せる

まあ許せるゾーンを広げるというのは、まあそれくらいなら許せるかという、自分とは異なる考え方でも受け入れられる範囲を広げるということです。

生活や仕事の中で、すべての自分がすること、誰かがすることが思っていた通りになる、なんてことはないでしょう。100点ではなくても、まあそれくらいならいいかと思えることが多くなれば、ムダにイライラすることはなくなります。

まあ許せるゾーンを広げるコツは「せめて」という言葉を使うことです。これから何かイラッとすることがあったら、「せめて」どうだったら許せるのかを考えてみましょう。

「時間は守るべき」というコアビリーフを例に挙げるなら、せめて10時までに来てくれれば許せる、遅れるにしてもせめて5分前までに連絡してくれれば許せる、といったようなイメージです。

「せめて」という言葉を使って、自分のまあ許せるゾーンの限界値を探していくうちに、自分が思っているよりも許せる範囲に入ることが多いことがわかると思います。境界線を明確にすることで、私達は自分が思っているよりも、心の許容範囲は広いという自覚を持つのです。自分が受け入れられる範囲が広いことが自覚できるようになると、さらに許せることが増えるでしょう。

まあ許せるゾーンを広げる努力をしつつ、次に考えることは、まあ許せるゾーンと許せないゾーンの境界線を明確にして、いつでも、どこでも、誰に対してもこの基準を動かさない努力をすることです。

アンガーマネジメントは怒らないことではないので、何でも許せばいいということではありません。怒る必要のあることは怒った方がいいわけです。ただ、機嫌によって怒る、怒らないを分けるのではなく、基準を決めて、できる限りその基準で怒る、怒らないを分けるということです。

「時間は守るべき」の例であれば、10時までに来たらまあ許せるゾーンに入れる、という場合であれば、どんなに自分の機嫌が悪くても10時までに来たら許す、もしくは受け入れるようにします。逆に1分でも遅れたら、どんなに機嫌がよくても、遅刻を指摘するようにします。

一般的には目下の人に言うのはやさしいですが、目上の人に言うのは気が引けます。でも、機嫌によって左右されず、人によって左右されないということは、相手が誰であっても、同じ基準で相手に言えるようになるということです。

そして、最後に自分の三重丸を人に見せる努力をします。

誰もあなたの三重丸がどのようになっているのかは知りません。誰かに自分の三重丸を伝えるためには、言葉として表現して伝える必要があります。これくらいのことはわかってくれるだろうというのは、伝える側の甘えでしかありません。

ムダにイライラせず、怒りの感情で後悔しないためにも、まあ許せるゾーンを広げる、まあ許せるゾーンの境界線を安定させる、自分の三重丸を人に見せる、この3つの方法で努力をしていきましょう。

## 怒りの「行動」をコントロールする技術

ここまでで、衝動のコントロール、思考のコントロールの説明が終わりました。いよいよ次が最後の行動のコントロールの説明になります。

思考のコントロール（三重丸）で決めた許せないゾーンに入ることがあれば、それは怒る必要があることです。しかし、なんでもかんでも怒っていては状況はよくなるどころか、悪くなっていくことがほとんどです。

怒りの感情のままに行動するのではなく、**自らの意志でどのように行動すればよいのかを考え、そして選択します。それが行動をコントロールするということです。**

行動のパターンは、図2－5のように、大きく4つに整理できます。

1．変えられる／重要

2．変えられる／重要でない

3．変えられない／重要

4．変えられない／重要でない

図2-5　行動のコントロール

| | 変えられる<br>コントロール可能 | 変えられない<br>コントロール不可能 |
|---|---|---|
| 重要 | 1. 変えられる／重要<br>➡今すぐ取り組む | 3. 変えられない／重要<br>➡状況を受け入れ、現実的な選択肢を探す |
| 重要でない | 2. 変えられる／重要でない<br>➡余力がある時に取り組む | 4. 変えられない／重要でない<br>➡放っておく |

まず「変えられるか、変えられないか」については、その状況を自分の力で変えることができるか、できないかで考えます。

例えば、朝から雨が降っていてそれが嫌だとしても、天気は変えられるでしょうか。もちろん自分の力で変えることはできません。また、誰かの行動に問題があるとして、それを変えることはできるでしょうか。これはその人に働きかけることで十分に変えてもらう余地はあります。

よく過去と他人は変えられないと言います。確かに過去にあった事実を変えたり、他人の性格や人格を変えることは無理だったり、難しいでしょう。でも、過去にあった事実の解釈を変えたり、誰かの行動を変えてもらうことは可能です。

もし本当に私達は誰かの行動を含めて何も変えることができないのであれば、誰とも健全な人間関係を築くことなどできなくなってしまいます。友人関係、夫婦関係、上司・部下の関係でもなんでも、一度関係に問題が生じて、そのまま二度と修復できないということは絶対にありません。

私達はお互いに働きかけ、努力を重ねることでよりよい関係を作っていくことができるのです。

「重要か、重要でないか」については、今置かれている立場において重要か、重要でないかを切り分ければよいでしょう。大きく考えれば、自分の人生にとって重要か重要でないかということになるのですが、そこまで大きく考えなくても、今自分がいる場所、役割、立場において、重要なことかどうかを見極められればOKと考えましょう。

## 1. 変えられる／重要

あなたが怒っていることがあり、それが十分変えられる余地のあるものであり、重要だと考えるならば、それは今すぐに取り組まなければいけない課題です。

例えば、後輩の遅刻癖などはこれに当てはまるかもしれません。後輩に遅刻癖があることは、取引先や社内でのイメージに支障を来す、仕事上での極めて重大な問題です。かつ、後輩を指導することで、遅刻癖を直してもらうことは十分に可能です。

この時に意識しておくべきポイントがあります。それは、**いつまでに、どの程度変わったら気が済むのか、明確にしておく**ということです。

後輩の遅刻癖を指導している人は、次のような愚痴を言っていることが多いものです。

「何度も繰り返し言っているのに直らない」

「いくらここがダメだよと伝えても、一向に変わる素振りが見えない」

確かに繰り返し言っているのでしょう。でも、いつまでに、どの程度変わったら十分なのか、明確な基準を考えたことはないのではないでしょうか。だから、「変わらない、変わらない」とイライラしたり、嘆くばかりなのです。

それもそのはず、いつまでに、どの程度変わればいいのかが明確でないので、自分でも納得しにくく、気が済まないのです。

また、後輩の側からしてみても、いつまでに、どの程度変わればいいのかが明確でないと、改善しにくいということも挙げられます。こうすると、怒った側も怒られた側も不幸になってしまいます。

もしあなたがそのことが変えられて、重要だと思うのであれば、いつまでに、どの程度変われば気が済むかを明確に決めることです。

後輩の遅刻癖であれば、いつまでに、どの程度の改善があれば三重丸のまあ許せるゾーンに入るのかを決めることです。そして、それを後輩に伝えることです。

## 2. 変えられる／重要でない

怒っていることが、変えることはできるけど、今はそれほど重要ではないと思えるものであれば、それは余力がある時に取り組めばよいという課題になります。今は考える必要もないし、今すぐに取り組まなければいけないようなことでもありません。ですので、今は一旦忘れて、できる時に取り組めばいいということになります。

例えば、朝の出掛けに夫婦喧嘩をしたとして、日中、仕事の会議中にずっとそのことが気になったとします。しかし、それは今すぐに考える必要のあることではないでしょう。家に帰ってから、ゆっくりと時間をとってパートナーと話し合えばよいことです。仕事に集中してパフォーマンスを上げるためにも、この場合には、あとで取り組む課題として脇に置いておくという選択をするのがよいでしょう。

重要ではないとわかっていても、どうしても気になって仕方がないということもあるでしょう。そうであれば、一本だけLINEでもメールでもして、今晩時間をとって話し合おうと連絡しておき、あとは今やる必要はない、と一旦置いておきましょう。それが今できることの範囲です。

## 3．変えられない／重要

この「変えられないけど、重要なこと」というのは、一見自分にできることなどあるのだろうか、とハードルが高く感じるでしょう。でも、これは次のような例を見てみると、案外、やるべきことは簡単なことがわかります。

急いでいる時に渋滞にはまってしまった。これは、まさに変えられなくて重要なことの典型例になります。渋滞は自分の力ではどうすることもできません。とはいえ、今まさに急いでいるので重要なことです。さあ、こんな場面でイライラしてしまったとして、どうすればいいでしょうか。

こんな時は、変えられない状況を受け入れ、その上で現実的な選択肢を探すことです。渋滞はどんなに頑張ってもどうすることもできないことなので、まずはその状況を受け入れます。自分は今、渋滞にはまっている、と。

そして、今できる現実的な選択肢を探します。高速道路で渋滞にハマっているのであれば下道に降りることかもしれないですし、一般道での渋滞であれば電車に乗り換えるという手もあるかもしれません。行き先に一報入れることもできるでしょうし、事情を説明してアポイントのスケジュールを変えてもらうこともできるかもしれません。

いずれにしても今できることをやるしかないのです。突拍子もないアイデアを考えても仕方がないですし、ただただポジティブに考えたとしてもどうにも進みません。

反りの合わない上司も「変えられない／重要」になるかもしれません。上司の性格や人格を変えることはできないのですから、自分とは反りが合わないということを受け入れた上で付き合い方を変えればいいのです。

会って話すのが苦痛であれば、チャットやメールでどうにか業務が済むように工夫したり、その上司と上手に付き合っている同僚に間に入ってもらったりと、できることを探します。

来月から転勤になってくれないかな、なんて考えたところで虚しいだけです。そんなことを思うくらいなら、変えられないものは変えられないと判断した上で、残された部分で積極的に自分の力でできることを探して、試してみましょう。

## 4．変えられない／重要でない

変えられなくて重要でもないのですから、それはもう関わる必要はありません。放っておけばいい問題です。私達の時間は有限です。イライラしたことすべてに自分が関わっていたら、本当に取り組まなければいけない課題に時間を割くことができません。自分が積極的に関わる価値のあること、ないことを区別しましょう。

変えられなくて重要でないものの例として挙げられるのが公共の場でのマナー違反です。公共の場でのマナー違反を許せないと思っている人は実際多いと思います。

でもここで考えて欲しいことは、どこまで本当にそのマナー違反を許せないと思っているかということです。

例えば、もし自分がその場にいなければ気にならない程度のことであれば、それは公共のマナー違反が許せないのではなく、自分の目の前でそれをされることが気に入らないだけです。確かにイライラはするでしょうが、それは怒るという行動に出て、相手の行動を変えるまでのものではないでしょう。

そして、変えられなくて、重要でないと思うのであれば、放っておくという選択ができるということを忘れないで欲しいのです。

## 「ビッグクエスチョン」で怒りの行動を選択する

私達が怒ることについて、最終的にはこの4つのどれかの選択をします。どれを選ぶかについては、アンガーマネジメントのビッグクエスチョンという基準で考えます。ビッグクエスチョンとは次の質問です。

「自分にとっても周りの人にとっても、長期的に見て健康的な選択はなんだろうか?」

先ほどの公共でのマナー違反の例を考えましょう。行動のコントロールを考える時、公共でのマナー違反は確かにイラッとするものですが、一般的には変えられなくて重要ではないという選択をする人が多くなると思います。

でもなかには、「どうしても許せないと思うからなんとしてでもやめさせたい」と思う人もいるでしょう。

ここでまず考えて欲しいことは、それが常に思考のコントロールの許せないゾーンに入っているかということです。自分の機嫌がよい時でも、あるいは誰が同じことをしていたとしても、許せないゾーンに入るのかということです。

その上で自分はいつ、いかなる場合でも、誰がやっていても公共でのマナー違反はどうしても許せないということであれば、行動のコントロールに移って選択肢を考えてもよいでしょう。

そして次は、実際にどの行動の選択をするかです。この時に先ほどのビッグクエスチョンを自分に問いかけます。

公共でのマナー違反を変えることができて重要であると選択することもできるのですが、それをした場合、注意された相手とトラブルになることも考えられます。実際、電車の中等では注意した、しないで、揉めている人達がいます。

直接的に注意することは悪いことではありませんが、その行動が自分にとっても、周りの人にとっても長期的に見た場合に健康的な選択肢にならないようであれば、選択する行動は変えた方がよいと言えるでしょう。

ただし、この選択について「そうは言っても、直接注意しなくていいの？」とモヤモヤする人もいるでしょう。そんな人は、第7章の「アンガーマネジメントという立場に立つ」という箇所を先に読んでみてください。きっとそのモヤモヤは晴れるでしょう。

## 怒り上手な人は「リクエスト」を伝えるのが上手い人

行動のコントロールで行動を選択した時、今度はその怒っていることを相手に伝える必要が出てくる場合もあります。

怒っていることを上手く伝えるのって本当に難しいですね。でも心配はいりません。**相手に伝わる怒り方も技術でしかないので、練習すれば誰でも上達して、苦もなく人に怒れるようになります。**

そもそも怒るというのは一体どのような行為でしょうか？　怒るというのは防衛感情であり、人が怒る時、何かを侵害されていると感じ、大切なものを守ろうとしていることが怒るという行為と説明しました。

つまり、怒っている人は何かを守ろうとしている人です。ただ、何かを守ろうとしているだけでは、残念ながら相手には怒っているということは伝わっても、これから何をどうしてよいのかは伝わりません。

では怒るというのは一体何をすればよいのでしょうか。

結論から言ってしまえば、**怒るということは、相手にリクエストを伝えることです**。怒るというのは、相手を反省させることでも、へこますことでもなければ、ましてや自分のストレス発散やスッキリしたいためにするものではありません。

怒っているという感情を伝えることが目的ではなく、今どうして欲しいか、これからどうして欲しいかを具体的に伝えている時の感情が怒っているという感情に過ぎなかったというのが怒りを伝えている時の状態です。

ところが、**ほとんどの人は怒っている時、伝えることは怒っているという感情ばかりです**。怒っていることは伝わっても、肝心のどうして欲しいかが伝わらないので、怒られている側も「この人はなんでこんなに怒ってるんだ?」と冷ややかな目で見ています。

例えば、ある上司が部下に、昨日の18時までに提出していなければいけなかったレポートを提出していなかったことを怒ったとします。

上司：「昨日の18時までに提出をお願いしていたレポートだけど、提出がなかったな。なんで？」
部下：「すみません、出来上がりに納得できなくて……」
上司：「そのレポートを受けて今から1時間後に会議があるわけなんだけど、それがなければ会議ができないぞ。それで俺にどれくらいの迷惑がかかるかわかるか？」
部下：「す、すみません……」

以上がその場面でのセリフになるのですが、この時、上司のセリフの中のどれがリクエストになるでしょうか。
上司が怒っている内容は正当ですし、部下に対してなぜレポートが出せなかったのかを叱責するのは当然でしょう。でも、実際のところどうして欲しかったのでしょうか。
セリフの中にリクエストは入っていません。一方、「なぜ提出しなかった？」「俺に迷惑をかけているのがわかるか？」という質問は入っています。

いやそんなのはレポートを期日までに提出しろというのがリクエストに決まっていると思うかもしれませんが、セリフとしては言っていないのです。

## あなたの「リクエスト」が伝わらない理由

なぜ上司のリクエストは伝わらないのか？　それは会話の続きを見ればわかります。

上司：「すみませんじゃなくて、俺に迷惑をかけていることはわかってるのかって」
部下：「はい、それはわかってるつもりです」
上司：「いや、お前は絶対にわかってないね。わかってたら昨日レポート出してるよ！」

部下が上司の言いたいことをわかっていると答えると、かぶせ気味に上司はわかってないと一刀両断します。自分は正しいことを言っているつもりでも、部下にしてみれば、「じゃあ聞くなよ」と心の中でつぶやいています。

こちらの気持ちをわかってというリクエストが成立しないのは、何をもって気持ちをわかったことになるのか誰にもわからないからです。

この時できたリクエストがあるとすれば、現状を確認した上で「会議までに出せるところまで出して欲しい」です。

また次に同じことが起こらないようにするためにも、「もし締切が守れないなら、せめて締切の2時間前までには間に合わないことを報告して欲しい」と伝えておくことです。

こう伝えれば、少なくとも今どうして欲しい、次からはどうして欲しいかは伝わります。部下としても、今何をしなければいけないのか、次に失敗しないためにはどうすればいいのかがわかり、リクエストに答えられるようになります。

上司の側も、部下がもし同じミスをしたとしても、この前のリクエストが通っていないと理由を明確に怒ることができるのです。

このように、リクエストを上手く伝えることが、怒りの行動をコントロールするコツになります。

より具体的にどんなことを心がければよいのか、あるいはどんな言葉を使うべきか、使ってはいけないかといったテクニックについては、第5章で述べることとします。

# 第3章

# 職場の「突然の怒り」に対処する技術

ここからは具体的なアンガーマネジメントのテクニックを紹介していきましょう。アンガーマネジメントのテクニックは、大きく分けて次の2種類に分類できます。

**1．短期的に取り組む「対処術」的な取り組み**
**2．長期的に取り組む「体質改善」的な取り組み**

アンガーマネジメントは花粉症のようなアレルギー対策に例えることもできます。花粉症における対処術がマスクをする、メガネをかけるなどの今すぐにできる取り組みであるならば、体質改善は花粉症が始まるシーズンの前から花粉症にならないようにじっくりと時間をかけて準備をしていくようなものです。

アンガーマネジメントの対処術は、湧き上がってきた怒りにその場で対処する緊急避難的なテクニックが中心になります。

一方、体質改善は、怒る必要のあることは上手に怒れるようになり、怒る必要のないことは怒らなくて済むようになる、本当の意味でアンガーマネジメントができるようになるためのテクニックです。

図3−1は縦軸が時間軸になっていますが、上に行くほどより少ない時間で短期的に行うもの、下に行くほどより長期的に時間をかけて取り組むものになります。

横軸は左が目に見える行動を伴う要素が大きいもの、右は頭の中で意識するといった内省的に取り組む要素が大きいものになります。

どれから取り組めばよいのかという順番は特にはないのですが、一般的には短期的な対処術から学ぶ方が始めやすいといえるでしょう。短期的に取り組むものとは、図3−1の上部にあるテクニックを指します。

ただ、短期的な対処術ばかり覚えても、根本的に自分の怒りと向き合うことにはなりません。対処術はあくまでもその場しのぎのテクニックです。

本当の意味でのアンガーマネジメントができるようになるためには、本来は図3−1の下部にあるような体質改善のテクニックについても、取り組んで欲しいところです。こちらは、どうしてもそれなりに時間がかかるのですが、自分の怒りの感情に向き合い、上手に付き合えるようになるためには必要なテクニックです。

また、アンガーマネジメントには数多くのテクニックが用意されていますが、それらを全部マスターしなければいけないということはありません。内容的には似たものもありますし、自分が取り組みやすい、取り組みにくい、ピンとくる、こないなど個人的な志向に左右されるものもあるでしょう。

**まずは一通り知識としてそれぞれのテクニックを知っておき、一度は試してみて、自分に合う、合わないといった判断をしていけばOKです。**

実は、私もはじめの頃はすべてのテクニックを覚えよう、実践しようと取り組んでいましたが、アンガーマネジメントに慣れてくるうちに、自然と行うもの、意識的に行うもの、今は特にやらないもの、たまに思い出したようにやるものなどがあることに気づきました。

本書で紹介するテクニックはほんの一部ですが、アンガーマネジメントを上達したいと思った時に、覚えておくと支えになるものです。こんなことを言っては身も蓋もありませんが、テクニックを1つも覚えていなくても、アンガーマネジメントができるようになっていれば、別に問題はありません。

いきなり全部のテクニックを覚えるのはハードルが高いので、対処術から1、2個、体質改善から同じように1、2個程度をまずは覚えるくらいの気持ちで読んでください。

図3-1　テクニック一覧図

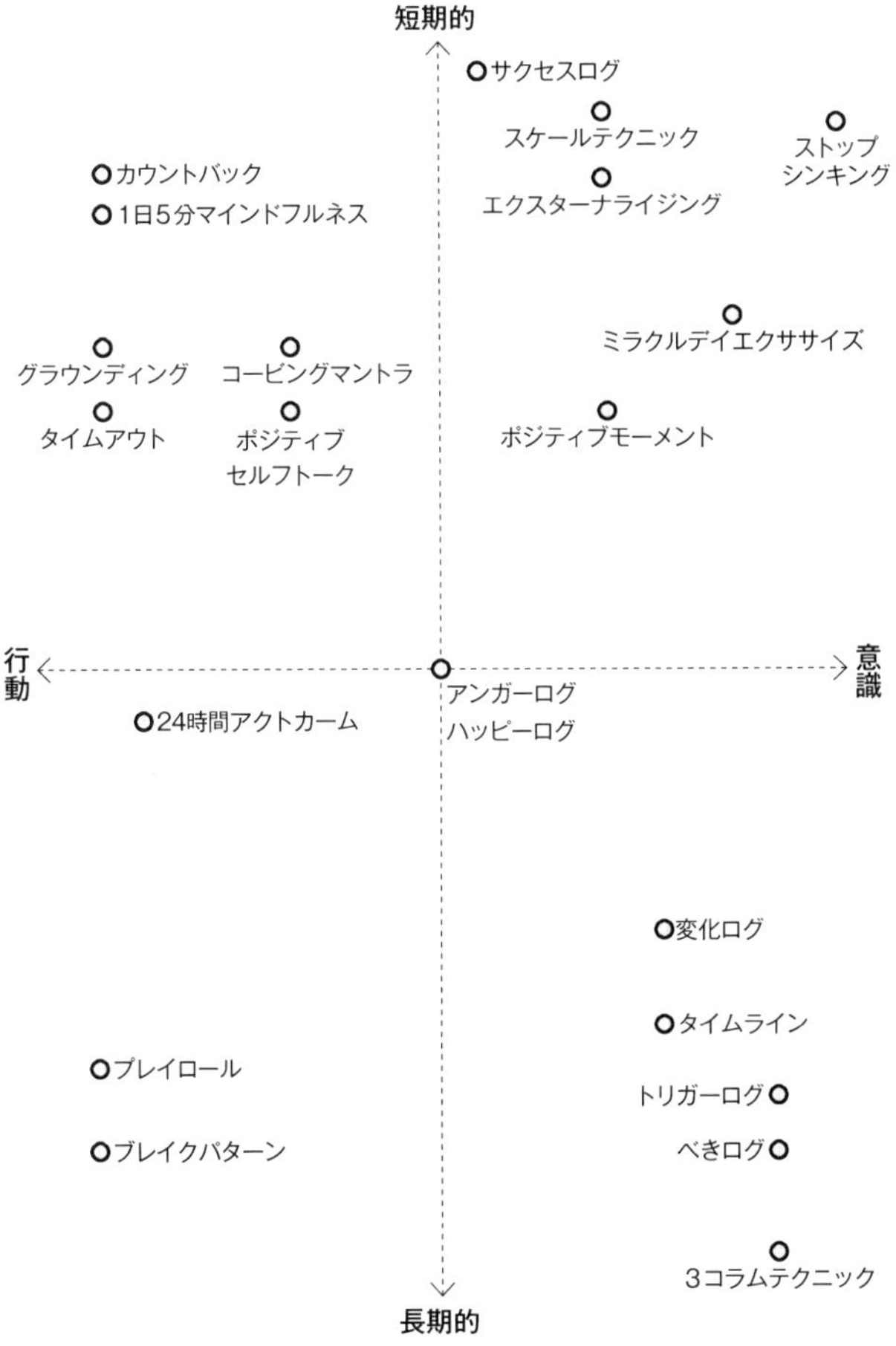

# 突然の怒りにも「すぐ効く」テクニック

第3章では、短期的に取り組むアンガーマネジメントの対処術のテクニックを紹介していきます。

短期的にというのはどういうことかというと、**すぐにその効果を実感しやすい**という意味です。第2章で説明した「衝動のコントロール」の時に使うことが多いものになります。

私達がイラッとした時、カッとなった時に最もしてはいけないことは反射でした。反射的に何かを言ったり、したり、言い返したり、仕返したりしてしまうと、よいことはないでしょう。そこで反射しないためにどうすればよいのかということです。

第2章の衝動のコントロールでは、怒りの温度をつける（スケールテクニック）、魔法の言葉を唱える（コーピングマントラ）という2つのテクニックを紹介しました。

ここで紹介するものは怒りの温度計、魔法の言葉と同様、冷静になるためにどういう工夫をするかを述べたものです。最初に言った通り、すべてをマスターすると言うより、自分が使いやすいものを選べばOKです。

テクニック①

## カウントバック
## 数を引き算で数えて、反射を遅らせる

カウントバックというのは、文字通り数を数えることなのですが、数え方にポイントがあります。**数を引き算で数えるのです。**

アンガーマネジメントを知らない人でも一呼吸置くために頭の中で数を数えたりしたことのある人はいるのではないでしょうか。

数を数えるのは、目の前で起きていることから意識をそらすためです。意識をそらすことで一呼吸置こうと無意識に行動しているのです。また、数を数えることで実際に少し待てたということを実感しやすくなります。

数を数える時、反射をしたくないので、あえて数えにくい方法で数を数えます。例えば、100から3つ飛びに数字をマイナスして数えます。

「100、97、94、91、88……」

といった具合です。50から数え始めてもいいですし、慣れてきてしまって簡単に数を数えられるようになった場合には、英語で数を数えてもよいでしょう。

「50、47、44、41……」
「ワンハンドレッド、ナインティセブン、ナインティフォー、ナインティーワン……」

声に出しても構いませんし、頭の中で数を数えても構いません。会話の途中であれば、頭の中で数えることになるでしょう。

会話をしている途中に6秒なんて待てないと思うかもしれません。それはこれまでにこうしたテクニックを使って待ったことがないからです。実際やってみると、意外に待つことができ、冷静になる時間を持てることがわかるでしょう。

数の数え方にルールや決まりはありません。数を数えることが目的ではなく、反射をしないことが目的ですから、6秒待てるのであればどのような数え方をしてもOKです。自分らしいオリジナルな数え方を考えてみてください。

## テクニック② ストップシンキング
## 考えることをやめ、頭の中を真っ白にする

怒っている時、私達の頭の中では、いろいろな考えが駆け巡っています。なぜこんなことが起きてしまったのかといった後悔、一体誰が悪いのかという犯人探し、これからどうなってしまうんだろうという不安、どうすれば解決できるのかという前向きな思考等々、いろいろな考えが浮かんでは消えを繰り返し、頭の中は嵐の真っ只中にいるような状態と言えるでしょう。

これでは正しい決断をすることなど到底無理ですし、正しい決断どころか大きく誤った決断をしてしまうことだってあるでしょう。

こんな時は、**一度頭の中を真っ白にして何も考えないようにします。**頭が真っ白になるというと、パニックになってしまい何も考えられない状態のようですが、そうではありません。真っ白になるのではなく、意図的に真っ白にするのです。

具体的には、怒りを感じたら頭の中を真っ白にします。真っ白にするというのは、目の前で起きていることの原因だったり、理由だったり、解決策だったり、今後のことだった

り、一切を考えないということです。こうすることで、自分の頭を一気に冷静にして、そこからいろいろなことを考えられる状態を自ら作りだすのです。

とは言え、頭の中を真っ白にする、何も考えないという状態を作るのは意外と難しいです。私達は何かを考えないことよりも、何かを考える方に慣れているからです。

そこでストップシンキングをする時のコツは、**頭の中いっぱいに真っ白な紙があるイメージを思い浮かべることです**。そしてその紙を見ることに意識を向けます。

何も考えないのではなく、真っ白な紙に意識を向けるという感じです。何も考えたくないのに紙に意識を向けるというのは矛盾しているように思えますが、そちらの方が何も考えていないという状態に近くはなります。

真っ白な紙ではなく、真っ白な壁の前に立っているところを思い浮かべて、真っ白な壁を見る方が頭の中を真っ白にしやすいと言う人もいます。もちろんそれでも構いません。

余談ですが、人が瞑想をする時、最初の難関はどうしても何かを考えてしまうことだと言います。考えてはいけないと思えば思うほど、いろいろな考えが浮かんでしまい、どうやっても無心になることができません。

実はこれも瞑想に対するよくある大きな勘違いです。瞑想は何も考えないという状態ではなく、考えが浮かんでもいいので、そういう考えが浮かんでいるんだということが眺められていればいいと考えます。

ところが無心になることが目的だと思ってしまうと、無心になることを考え続けてしまうという矛盾が生まれてしまいます。

ストップシンキングも最初のうちは頭の中を真っ白にするのは難しいかもしれませんが、何も考えないというよりは、白い紙を意識するということで挑戦してみてください。これもカウントバック等のテクニックと同様、6秒程度行えるようになるとよいでしょう。

## テクニック③ グラウンディング
## 意識を「今ここ」に集中させる

私達は過去、現在、未来という3つの時制を考えることができます。実は、**人は過去や未来について考える時、怒りの感情が大きくなることが多いです**。一方、現在のことだけを考えて生きていると、怒りの感情はあまり大きくなりません。

人は過去について考えている時、なんでこんなことが起きたのだろう、どうしてあんなことをしたんだろうと原因や理由を考えています。そして許せない、受け入れがたいという気持ちが自分の中で何度も繰り返されるので、怒りの感情は大きくなります。

一方、人は未来を考える時、不安、報復、仕返しといった感情にとらわれがちです。例えば、こんなことが起きたらどうしようという不安、次にこんなことがあったらこうしてやろうという報復の感情等々。さらに、こうしたことは考えれば考えるほど、怒りの感情を大きくすることになります。

そこでイライラしている時、怒りの感情にとらわれてしまってどうしようもなくなっている時など、**このグラウンディングのテクニックで「今」だけに集中します。**

グラウンディングというのは、場所、運動場などを意味するグラウンドに英語のＩＮＧがついたもので、その場に釘付けにするという意味になります。意識をその場に釘付けにすることで、過去も未来も考えなくなるというテクニックです。

グラウンディングは、具体的には次のように行います。まず手元にペン、スマホ、コップ等々、何でもいいので身の回りにあるモノを用意します。

次にそのモノを持ったら、じっくりと観察します。観察する時に、形、色、材質、手触り、温度、パーツ、外せる部分がないか、傷がついていないか等、普段意識しない細かな部分に意識を集中させていきます。

　こうしてモノをじっくりと観察している間は、過去も未来も考えていません。考えているのは今目の前にあるモノのことだけです。

　こうすることで怒りの感情を大きくしてしまう過去や未来への考えを振り切って、意識を今この場所に釘付けにすることができるのです。

　グラウンディングをする時は、○○秒といったように明確な時間の目安はないのですが、自分の気持ちが落ち着いたと思える時間であれば何秒でもOKです。ほとんどの人は1、2分もあれば十分に気持ちを静めることができるでしょう。

　先に書いたグラウンディングをする時の質問は「形、色、材質、手触り、温度、パーツ、外せる部分がないか、傷がついていないか」と、これだけでも8つあります。1つの質問について10秒考えたとしても1分以上かかります。

　まずはこれらの数くらいの質問数で試してみてください。

## テクニック④ 1日5分マインドフルネス
### 5分だけ、利き手と逆の手で行動してみる

近年、日本でもマインドフルネスという言葉を見たり、聞いたりするようになりました。マインドフルネスとは、「今この瞬間に体験していることに意識を向け、評価をせずに、とらわれのない状態でただ観ること」といったように定義されます。

マインドフルネスはアメリカではアンガーマネジメント同様、１９７０年代くらいから始まったと言われています。

欧米では昔から少なからず東洋思想に対する憧れのようなものがあり、アンガーマネジメント、マインドフルネスなどは、実はこういった東洋思想を西洋人が自ら解釈して体系化したものとも考えられています。

アンガーマネジメントとマインドフルネスも根が同じ東洋思想なので、領域や考え方、テクニック等に似たものがあるのは自然なことです。

マインドフルネスは怒りの感情だけに焦点を当てたものではないのですが、大雑把に言ってしまえば、「人は余計なことを考えているとストレスが大きくなり、心の健康によく

ないから、今、この場所だけに集中しよう」ということです。

人は心と身体があります。身体は現在にしかありませんが、心は過去にも未来にも行くことができます。もし心が過去や未来にあれば、身体は現在にあるのに、心はここにあらずという状態になり、それが続くと人は不安定になってしまいます。

マインドフルネスでは瞑想を多用します。普通の瞑想に加えて、歩き瞑想、食事瞑想といったものもあります。簡単なものもあれば、なかなか難しいものもあります。

しかし、本書を読まれているのは日々忙しく仕事をされているビジネスパーソンの方々が多いはず。そこで本書では、忙しい日常の中でも、簡単に今、この場所に集中できる方法として、先に紹介したグラウンディング以外に、次の方法を紹介します。

それは、**1日5分だけ、利き手と逆の手で生活するというものです。**

利き手と逆の手を使って生活をするということになると、当然、食事をする時のお箸の使い方や、歯磨きをする時の歯ブラシの使い方など、今まで無意識にしていた動作にも、いちいち注意を向けないと満足に行動することができなくなります。

つまり、手先に意識を向けている間、「今、この場所」に集中した状態を作りだすことができるのです。

また、そもそも私達が過去、未来といった現在以外のことについて考えている時というのは、主に無意識にできる行動をしている時です。例えば、歩いている時、食事をしている時、なかには運転をしている時に、無意識に考え事をしている、なんて人も多いのではないでしょうか。

無意識に何かをしている時というのは、頭の中に余計なことを考えるスペースが大きく空いている時です。実は私達は、こういう時についイライラすることを考えてしまっているのです。

そこで、この余計なスペースを強制的に小さくしてしまう方法として、利き手と逆の手で生活してみるのです。

この練習を繰り返すことで、普段から頭の中の余計なことを考えるスペースを小さくすることができます。そうなれば意識が過去や未来に飛んでしまって、ついイライラしてしまうなんて状態に、ならなくて済むようになるのです。

## テクニック⑤ ポジティブセルフトーク
### 自分を奮い立たせる言葉を持つ

ポジティブセルフトークは自分に前向きな言葉をかけて元気づけるテクニックです。第2章で紹介したコーピングマントラとよく混同されますが、内容は若干違います。

コーピングマントラは怒りを感じた時、あらかじめ決めておいた魔法の言葉を自分に言い聞かせて気持ちを落ち着かせるというテクニックでした。

ポジティブセルフトークも怒りを感じた時、自分に自分で話しかける点は一緒ですが、コーピングマントラが気持ちを落ち着かせる言葉をかけるのに対して、ポジティブセルフトークはどちらかというと**自分を元気づける、気持ちを強く持たせる言葉をかけます。**

例えば、

「こんなことくらいで負けるな！」
「今こそ踏ん張り時だ！」
「まだまだこんなことではあきらめないぞ！」……etc.

この言葉もコーピングマントラ同様、これが正解というものはありませんので、自分で使いやすいもの、自分が気にいるものを作っておけばOKです。

誰しも、いついかなる時でも気持ちを強く持っていられるわけではありません。どうしても気持ちが弱ってしまう時もあるでしょう。

そんな時に怒りを感じると、その怒りが自分自身に向かいすぎるあまり、自分なんてダメだ、もうすべてダメかもしれないといった具合に、自分を卑下してしまいかねません。

こういう時、コーピングマントラでも悪くはないのですが、気持ちを落ち着けるより、自分を奮い立たせるようなメッセージの方が響く場合も多々あります。

例えば、アスリートが試合でミスをした時、負けそうになったり、上手くいかなくてイライラしている時など、こうしたポジティブセルフトークで自分の気持ちを一気に上げて、今抱いている怒りの感情を闘争心としてむしろ建設的に生かす、といった使われ方をしています。

同じイライラしている時でも、ここは気持ちを上げた方がいいな、強い気持ちで乗り切っていった方がいいなと思えるような場面であれば、このポジティブセルフトークを使ってみてください。

## テクニック⑥　タイムアウト
### ヒートアップした時、冷静さを一旦取り戻す

タイムアウトはスポーツの試合中にとるタイムアウトと同じ意味合いのテクニックです。議論や話し合いなどが白熱して収拾がつかなくなってしまった時、**相手に了承を得てその場から離れるというテクニックです。**

スポーツの試合中のタイムアウトは、流れを変える、冷静になる、気持ちを整え直すなどの意味がありますが、アンガーマネジメントで使うタイムアウトもこれと同じです。

誰かと言い争いになった時にどんどんヒートアップしてしまい、議論ではなくただ相手を屈服させようとしてしまった時や、本題から外れて別のことで言い合ったりしてしまった経験が誰しもあるでしょう。

そんな時、そのまま議論を続けたとしても、建設的な話し合いになることはとても難しいです。お互いに嫌な気持ちになるだけで、議論がまとまるということはありません。

言い合いになった時、黙ってその場を立ち去ったり、捨て台詞を吐いてその場を立ち去ってしまう人がいますが、これも望ましい態度でないことは明白です。

タイムアウトはスポーツの試合と同じように、お互いにタイムアウトがとれるということをルールとして知っておく必要があります。ですので、初顔合わせの人達で使うというよりも、いつも一緒にいる同僚、家族とルールを共有しておくという感じになります。

また、タイムアウトはスポーツの試合同様、試合（議論）の再開があります。再開しないものはタイムアウトにはなりません。

次にタイムアウトの際の具体的な手順・ルールを示したので、参考にしながらタイムアウトを使ってみてください。

## タイムアウトの手順

1. お互いにタイムアウトをとれるルールを確認しておく
2. 議論などがヒートアップして収拾がつかなくなった場合、タイムアウトをとることを相手に伝える

セリフ例：申し訳ないけど、お互い熱くなってしまって、今議論するのが難しいか

ら5分休憩させて。5分後にまた今の続きをしよう。それでいい？

3. タイムアウト中はなるべく気持ちが落ち着くようなことをし、議論の内容などはあまり思い出さないようにする

4. 時間になったら席に戻って議論の続きをする

## テクニック⑦ サクセスログ
## 小さな成功を積み重ねて、怒りを自信に変える

私達が何気なく過ごしている毎日は、実は「小さな成功」の積み重ねによってできています。とは言え、ほとんどの人は自分の生活、仕事が小さな成功に満ちあふれているとは思ってもいないでしょう。当たり前のことをして毎日生きていると思っているからです。

これは自分の毎日を過小評価してしまっています。あなたにとっては自然にできていると思うことでも、他の誰かにとっては、なかなか難しくてできないことかもしれません。

例えば、朝起きるという行動はどうでしょうか。これも当たり前のことですか？　いいえ、当たり前ではありません。学生時代、寝坊して遅刻したなんて経験のある人は大勢い

るはずです。朝、仕事に間に合うように起きることができたら、それは小さな成功です。

サクセスログというのは、**この毎日の小さな成功を記録しておくこと**です。

このあとも、「○○ログ」という名のテクニックがいくつもでてきますが、ログというのは記録のことです。

なぜ小さな成功を記録するのかと言えば、自分が何かをできているという成功体験を通じて自分に自信を持ってもらうことがアンガーマネジメントをしていく上でとても大事だからです。

アンガーマネジメントの視点で言えば、**私達が自分を過小評価したり、卑下したり、自分なんて価値がない、自分なんて何もできていないと考えることは、怒りの裏に隠れている第一次感情を持ちやすくなってしまうことを意味します。**

考えてもみてください。自分なんて価値がない、誰からも好かれていない、頼られていない、自分なんてダメだなんて考えることは、辛い、悲しい、苦しい、不安といったような第一次感情につながることは容易に想像がつくはずです。

サクセスログとは、毎日の成功を記録することで、怒りの原因となる第一次感情を普段から持ちにくくするというテクニックです。

サクセスログに決まったフォーマット、書き方はありません。日記的に書いても構いませんし、手帳のスケジュールの横に書き込んでも構いません。

1日1つなんて考えずに、はじめのうちはできる限り多く書いてみましょう。こんなことは成功になんてならないと思えるような些細なことでも全然構わないのです。

私達の毎日は実に多くの成功の上に成り立っています。毎日の生活に今よりももっと自信を持つことで、怒りの感情を持ちにくくするようにしましょう。

## テクニック⑧ エクスターナライジング
### 怒りを形あるもので表現してみる

怒りの感情と上手に付き合うのが難しいのは、目に見えないからということは何度か書いてきました。目に見えない怒りの感情を可視化するために、怒りの温度計を使って自分の怒りの点数をつけてみるなどのテクニックもありました。

ここで紹介するエクスターナライジングは、**怒りの感情を目に見える形に表現してみようというテクニックです。**エクスターナライジングとは、「外面化する」という意味の英語にＩＮＧがついたものです。

筆者はアンガーマネジメントを子ども達にも教える機会があります。言語が未発達な子ども達にアンガーマネジメントを教える時は、怒りの感情を絵に描いてもらったり、粘土で怒りの感情の形を作ってもらったりして表現してもらいます。

エクスターナライジングとは、ちょうどこの時、子ども達が怒りの絵を描いたり、粘土で怒りの形を作ったりするのと同じようなものです。

具体的なエクスターナライジングのやり方を紹介します。まず、最近軽くイラッとしたという出来事を思い出してください。思い出すものはあくまでも軽い怒りにしておいて、いきなり強い怒りは思い出さないようにしてください。

思い出せたら、次に進みましょう。その時に抱いた怒りの感情をイメージします。どうイメージするかと言えば、今から質問をしていきますので、その質問の通りにイメージしてみてください。

・それは、どのような形をしていますか？
・大きさはどれくらいですか？

・色は何色をしていますか？
・動いているでしょうか、止まっているでしょうか？
・もし触ったら、どんな肌触りだと思いますか？
・温度は熱いでしょうか、冷たいでしょうか？

さて、いかがでしょうか。何となくイメージできたでしょうか。

初めから上手くイメージできなくても、練習するうちに段々とイメージできるようになりますので、今できなかったとしても心配する必要はありません。練習して使えるようであれば使ってみてください。

人によっては、言葉よりもこのような「五感でイメージされた怒り」の方が、しっくりくるという人もいます。反対に、これまで見てきたような言葉でイメージする方がしっくりくる、という人もいると思います。

もちろん、どちらがよくてどちらが悪いということはありません。自分に合った方法で、怒りを目に見える形で捉えられるようになればＯＫです。

## テクニック⑨ ミラクルデイエクササイズ
### 理想をすべて叶えた奇跡の日をイメージする

このテクニックはその名の通り、アンガーマネジメントを通じて、自分が向かっていきたいミラクルデイ（奇跡の日）をイメージするテクニックです。

アンガーマネジメントに取り組んでいるからには、きっと理想の状態があると思います。その理想をすべて実現した状態の日をミラクルデイとして、すべてのことが上手くいっている状態、日を事細かにイメージしていきます。

ポイントとしては、**奇跡の日をイメージする時には何の制限、制約も考えずに想像してください**。自由に想像していいと言われても、心のどこかでそんなの無理に決まっていると思ってしまい、とても現実的な日を想像しがちです。

せっかく奇跡の日と名付けてあるテクニックなのですから、思い切って奇跡と思えるような日をイメージしてみましょう。

では、早速ミラクルデイエクササイズをやっていきましょう。次の質問に沿って、あなたが思う奇跡の日の出来事を、順番にイメージしていってください。

## リード文

あなたに奇跡の日がやってきます。アンガーマネジメントに取り組もうと思った課題がすべて完全に解決している日です。その日は何もかもが上手くいく日です。あなた自身、そして周りの人達も心からの笑顔でお互いに居心地よく過ごしています。

その日のことを想像してください。

・朝起きた時、あなたはなんとつぶやくでしょうか？
・通勤中、あなたはどのようなことを考えていますか？
・会社に到着しました。あなたはまず誰にどのような声をかけますか？
・上司、同僚、後輩、部下、誰があなたの変化に気づくでしょうか？
・その人はあなたにどのような言葉をかけてきますか？
・あなたの言動の何を見て、周りの人はあなたが変わったと気づくでしょうか？

さて、奇跡の日をイメージすることはできたでしょうか。できれば、ぜひ静かな場所で気持ちを落ち着けて改めて奇跡の日をイメージしてみてください。

奇跡の日がイメージできたら、次はこの質問について考えてみてください。

・奇跡の日を10段階評価の10点とするなら、今日は何点になりそうでしょうか？
・今年一年を振り返って、10段階評価の10点に一番近い日はいつだったでしょうか？
・その日は何をしていた日ですか？
・その日は誰かと一緒にいましたか？

奇跡の日を経験したことはなくても、それに近い日について考えることはできるかもしれません。少なくとも、その日を再現することができたなら、私達は奇跡の日に近づくことができるということです。そしてそれは、決して非現実的な目標ではないはずです。

また、今日の状態を仮に6点だとするならば、その点数を1つ上げるためにできることは何かあったでしょうか。1つ上げるとまではいかなくても、ほんの少しでも奇跡の日に近づくためにできることはあったでしょうか。

奇跡の日は、今思えば遠い目標かもしれません。しかし、一歩一歩近づく努力をすることはできます。ミラクルデイエクササイズは、**理想の一日を考えることを通じて、今できることに目を向けさせるテクニックでもあるのです。**

このテクニックを使ってゴールを見据えることで、少しでも前進していけるようにアンガーマネジメントに取り組んでいきましょう。

## テクニック⑩ ポジティブモーメント
### 成功体験を思い出し、イライラを吹き飛ばす

ポジティブモーメントはこれまでに感じた成功体験、気持ちのよい体験をもう一度味わうことで、自分のよかった時の状態を再現しようとするテクニックです。

あなたがこれまでに経験した、最高に気持ちのよかった瞬間はどのようなものだったでしょうか。

例えば、ゴルフで気持ちのよいショットが打てた、カラオケで高得点が出せた、告白が上手くいった、プレゼンで褒められた等々、心の中で思わずガッツポーズをしてしまうような経験をしたことはないでしょうか。

その瞬間は本当に気持ちよい経験で、怒りの感情に支配されているなんてことはまずないでしょう。もしその瞬間が永遠に続いたら、さぞかしご機嫌に気持ちよく生きていくことができるのではないでしょうか。

ポジティブモーメントではその最高に気持ちのよかった瞬間を思い出し、再体験することで、自分をよい状態にします。

とは言え、一日の終わりに「今日も楽しかった」と思い出すのは、ポジティブモーメントにはなりません。モーメントというくらいなので、思い出すのはまさにその瞬間です。

ポイントとしては、**その瞬間を思い出す時に五感を使って思い出すことです。**その最高に気持ちのよかった瞬間に見ていたもの、聞こえていた音、匂い、肌で感じていた感触、もし味覚があればそれも、です。

五感を使って思い出すことで、その瞬間の思い出は頭の中だけではなく、身体を使って感じることができます。そうすることで、身体全体が最高に気持ちのよかった瞬間と同じ状態になれるのです。

イライラする時、なんだか調子が上がらない時など、このポジティブモーメントを使って、最高の自分の状態になってください。

# 第4章

# 「怒りの耐性」を高くする技術

# 怒りと上手に付き合える体質を作るテクニック

第3章ではアンガーマネジメントの対処術、その場の怒りに対処する緊急避難的なテクニックを紹介してきました。

本章ではアンガーマネジメントによる体質改善、時間をかけて自分の怒りの感情に向き合い、本当の意味で怒りと上手に付き合えるようになるテクニックについて述べていきます。

もちろん、ここまで述べてきた通り、アンガーマネジメントは怒らなくなる方法ではありません。ここで紹介する体質改善のテクニックも、怒らなくなることが目的ではないという大前提を忘れないでください。

## テクニック① アンガーログ
### アンガーマネジメントの基本中の基本

アンガーマネジメントにはいくつかの流派と呼ばれるようなものがあります。

アンガーマネジメントは1970年代にアメリカで自然発生的に生まれてきたという経緯は前述した通りですが、例えばセラピストのグループから生まれてきたもの、カウンセラーのグループから生まれてきたもの、あるいはコーチのグループから生まれてきたものといった具合に、様々な立場の人達がアンガーマネジメントというテーマにアプローチしました。

また、それぞれが違った心理学のバックグラウンドを持ってもいました。例えば、認知行動療法、スポーツ心理学、教育心理学、発達心理学、犯罪心理学等々、様々な心理学の分野からのアプローチもあります。このようにアンガーマネジメントには様々なアプローチがありますが、絶対に共通しているものがあります。

それがアンガーログです。**アンガーログのないアンガーマネジメントはありません。それくらいアンガーログはアンガーマネジメントの中で重要なものになります。**

アンガーログは怒りを感じたり、少しでもイラッとしたりした時に、その場でそれを記録しておくというものです。

なぜアンガーログが重要かと言えば、**アンガーログをつけることで自分の怒りの傾向やパターンなどが理解できるようになるからです。**傾向やパターンが理解できれば、自分の怒りへの対処は格段にしやすくなります。

私達は怒ったこと自体は覚えているのですが、何にどう怒っていたかまで正確に覚えているという人はほとんどいません。実際、私の講演などに来る方は、何かしら怒りの問題を抱えている方が多いはずですが、「最近、何に怒りましたか？」と聞くと、見事なくらいにその怒りの詳細を覚えていません。

逆に言えば、怒った状況や詳細を覚えていないから、怒りの感情と上手に付き合うことが難しいとも言えます。アンガーマネジメントは筋トレや料理と同じように、練習することで上達します。しかしこの時、毎回、前回練習した内容を忘れていたとしたら、はたして上達できるでしょうか。当たり前ですが、前回やったことを毎回忘れていたら、学習ができないので、上達は望めないのです。

優秀なアスリートは、必ず練習ノートをつけていますが、アンガーログはまさに「怒りの練習ノート」のようなものなのです。

アンガーログでは、図４－１のように、次の４つの要素をメモするとよいでしょう。

1．日時・場所

図4-1　アンガーログフォーマット

| | |
|---|---|
| 日時・場所 | 怒りを感じた瞬間、場所など |
| 出来事 | どういう出来事があったのか、事実を書く |
| 思ったこと、感情 | どのように思ったのか |
| 怒りの強さ | スケールテクニックで10段階で評価 |

2．出来事
3．思ったこと、感情
4．怒りの強さ

とは言え、書く要素が多すぎて頭が混乱してしまうようなら、実際はここまで詳細につけなくても構いません。最低限、3．「思ったこと、感情」と4．「怒りの強さ」の2つくらいを記録しておけば、十分と思ってください。

つける時のポイントとしては、アンガーログのつけ方は、日記とは違うという点に注意してください。日記は一日の終わりにその日を振り返って書くものですが、アンガーログは怒りを感じるたびに、その都度、記録します。**イラッとしたら、できるだけその場でささっと書いてください。**書く時は直感

図4－2　アンガーログアプリ「感情日記」

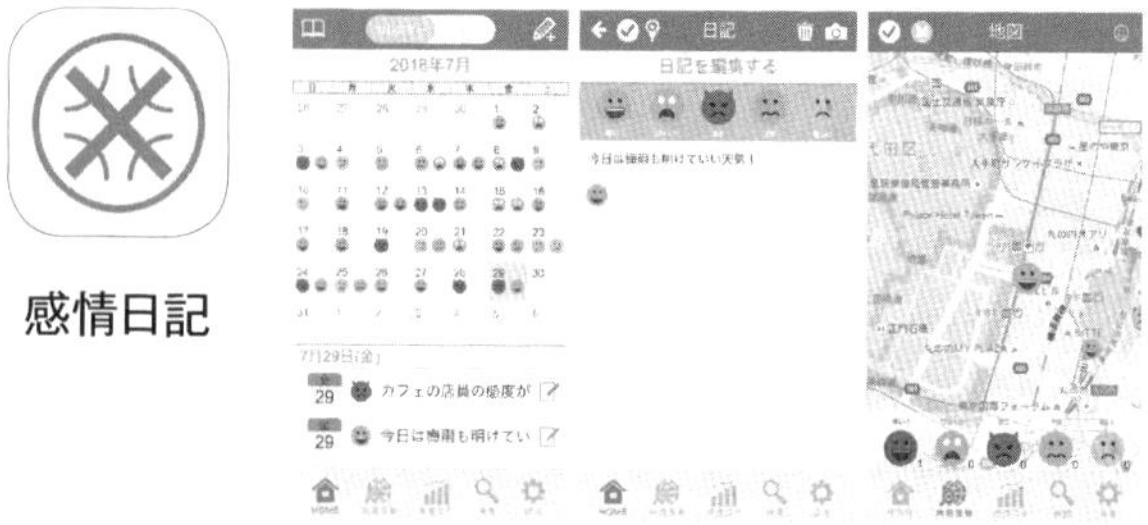


Google Play
（アンドロイド）

iOS
（iPhone）

的に、あまり考えずに記録するのがポイントです。

アンガーログは紙に書いてもいいし、スマホでメモしてもOKです。どんな方法でも構いません。ちなみに、日本アンガーマネジメント協会では「感情日記」というアンガーログをつけるためのアプリを用意しています（図4－2）。それを使えば簡単にアンガーログをつけることができます。

アンガーログをつけることのメリットとしては、**自分の思い違いが浮かび上がるということが挙げられます。**

例えば、「自分は家庭では怒ることはないけれど、仕事だと怒ってばかりいる」という人がいました。この方に実際にアンガーログをつけてもらったところ、確かに家庭ではアンガーログをつけている回数は少なかったのですが、怒った時の強度（点数）は非常に高いものばかりでした。つまり、家庭ではそんなに怒る回数は多くないけど、たまに爆発をしていると言えそうです。

一方、会社ではアンガーログに書き込んでいる回数は多いのですが、一つひとつの怒りの強度はどれも高いとは言えないものばかりでした。つまり、毎日小さなことでイライラしていると言えそうです。

こんなケースでは、家庭では怒らないけど、仕事では怒ってばかりいる、と言い切ってしまってよいのかどうかは微妙になってきます。しかし、普通に生きているだけでは見つからない気づきを得ることができたのは確かです。

アンガーログを使った詳細な分析の方法もまた別に存在しているのですが、このように時系列でログを見返しただけでも、改めて発見することがいろいろとあるはずです。

テクニック②ハッピーログ

## 楽しいこと、幸せなことを記録する

アンガーログは怒ったことを記録するものでした。ただ、なかには怒ったことを記録し続けるのが辛くなってしまう人もいます。毎日、毎日イラッとすることだらけだなと感じて、自分の人生が惨めで酷いものに思われて、落ち込んでしまう人もいるかもしれません。

そんな時はアンガーログではなく、ハッピーログをつけてみましょう。ハッピーログは文字通り、楽しかったこと、嬉しかったこと、幸せを感じたことを記録するものです。

先に紹介したサクセスログにも通ずるところがありますが、私達の日常は実は楽しいこと、嬉しいこと、そして幸せに満ちあふれています。

かのチャーリー・チャップリンは「You'll never find a rainbow if you're looking down.」(下を向いていたら虹を見つけることはできない)と言いました。

誰の人生にも幸せは必ず見つけられます。見つからないのは、それを見ようとする努力をしていなかったり、見つけ方がわからないだけです。

幸せを見つけることが得意なのかそうでないかによって人生の幸福度が大きく変わることは想像に難くありません。

どんなに些細なことでも楽しさ、嬉しさ、幸せに気づくことができるようになると、人生はより安全で安心で、より豊かなものになります。

毎日食事ができることも、毎日仕事があることも、ある人にとっては夢のような世界だったりします。当たり前のことなんて幸せとは思えないという状態から、自分が幸せな環境にある、恵まれていると思えるようになるだけでも毎日の生活、仕事を見る目を変えることができます。

ですので、どんなに些細なことでも構わないので、自分が嬉しいな、楽しいな、ラッキーだな、幸せだなと思えることを記録してみましょう。

ハッピーログに決まった形はありませんので自由に記録すればOKです。アンガーログと一緒に記録しておくのももちろんOKです。

## テクニック③ べきログ
## 自分を怒らせるコアビリーフを特定する

私達が怒る本当の理由は自分のコアビリーフという話はこれまでに何度もしてきました。そのコアビリーフを象徴する言葉がいくつかあります。例えば、「べき」「はず」「普通は」「当たり前」「常識」といったものです。

この中でも「べき」はコアビリーフを特に象徴する言葉です。私はアンガーマネジメントを伝える時、一般的にはコアビリーフという言葉を使わずに、私達が怒るのは自分が信じている「べき」が裏切られた時といったように説明をしています。なぜなら、一般的にはコアビリーフを「べき」と言い換えても、それ程大きく意味は違わないからです。

自分の「べき」を見つけることで、自分のコアビリーフを見つけることができます。そしてそれは自分が怒る本当の原因となるものです。

**そんな自分の「べき」を明確にするテクニックが「べきログ」です。**

べきログに決まったフォーマットはありませんが、べきログは次の2つの方法でつけることができます。

1．アンガーログから「べき」を見つける
2．自分の実際の言動から「べき」を見つける

まずはアンガーログから見つけて書き出す方法です。アンガーログには自分が怒ったことが書いてあります。怒ったということは、その裏には何らかの「べき」が隠れています。なぜなら、その「べき」が裏切られたからこそ、あなたは怒ったのですから。

例えば、アンガーログに「友達が遅刻してきた。2点」と書いてあれば、自分には「遅刻をするべきでない」という「べき」があるんだな、という風に「べき」を見つけられます。

もう1つの方法は、自分が実際に言ったり、考えたりしていることの中から見つける方法です。

例えば、カフェで資料作成の仕事をしながら、頭の中で「文頭は揃えるべきだよな」と何となく考えながら文書作成をしていれば、自分は「文頭は揃えるべき」という「べき」を持っているということです。

私達は普段、実に多くの「べき」を言葉に出したり、考えにしたりしています。それらを逐一、見つけていくということです。

これを続けて自分がどのような「べき」を持っているのか、数多く知れば知るほど、自分の怒りのポイントを理解しやすくなり、怒りの感情と上手に付き合いやすくなります。

## テクニック④ トリガーログ
## 怒るきっかけとなる引き金を見つける

アンガーログで怒りの記録をつけ、べきログで自分のコアビリーフを探したら、さらに**トリガーログをつけて、自分が怒るきっかけとなるトリガーを見つけておきましょう。**

トリガーは英語で引き金という意味ですが、サインのようなものと考えても構いません。

例えば、誰かにバカにされるような行為はどんな人でも気持ちのよいものではありません。なかにはそう感じた瞬間に強い怒りを覚える人もいるでしょう。

では、私達は何をもってバカにされたと受け取るのでしょうか。この点については、もう全く人それぞれ感じる点は異なります。

例えば、車の運転中にクラクションを鳴らされることをバカにされた、と受け取る人がいます。相手は「ちょっと気をつけてね」くらいのつもりでクラクションを鳴らしたのかもしれません。しかし、それがトリガーになっている人は、どんな状況であれクラクションを鳴らされた瞬間、バカにされていると反射的に思ってしまうのです。

あなたにはどのようなトリガーがあるでしょうか。

それを知るためには、アンガーログ、べきログを見ながら、その時の状況を思い出してみてください。そうすると、「これがトリガーになっているな」というきっかけが見えてくるはずです。

トリガーを見つけるコツとしては、**トリガーは一般的に言葉、行為、仕草、表情、あるいはコンプレックスになっているものなどが当てはまります。**

言葉であれば「遅いよ」という言葉や、行為であればクラクションを鳴らされたという行為などです。コンプレックスであれば容姿、学歴などについて言われると、相手に敵意を感じる人もいます。

とは言え、トリガーも本当に人によって様々であり、何が正解で何が不正解ということではありません。ある人にとってはトリガーになるものも、ある人にとっては全く気にならないものであることはよくあります。

また、トリガーは1人の人にいくつもあります。トリガーをあらかじめ知っておけば、何が起きた時に自分が怒りやすくなるのかがわかります。

トリガーを知っておくことのメリットとしては、仮にトリガーになるようなことをされたとしても、「あっ、今のは自分のトリガーだ」と意識できるということが挙げられます。トリガーを意識できれば、トリガーがあっても自動的に怒ってしまうということにはならないのです。

アンガーマネジメントをしていく上で自分のトリガーを知ることはとても大切なのです。

## テクニック⑤ タイムライン
### 自分の人生を振り返り、コアビリーフを見つける

タイムラインは自分の人生を折れ線グラフで書いてみることで、自分が今までどのような出来事を経験し、またその時にどのような考え、感情を持ったのかを振り返ることで、

図4－3　タイムライン図

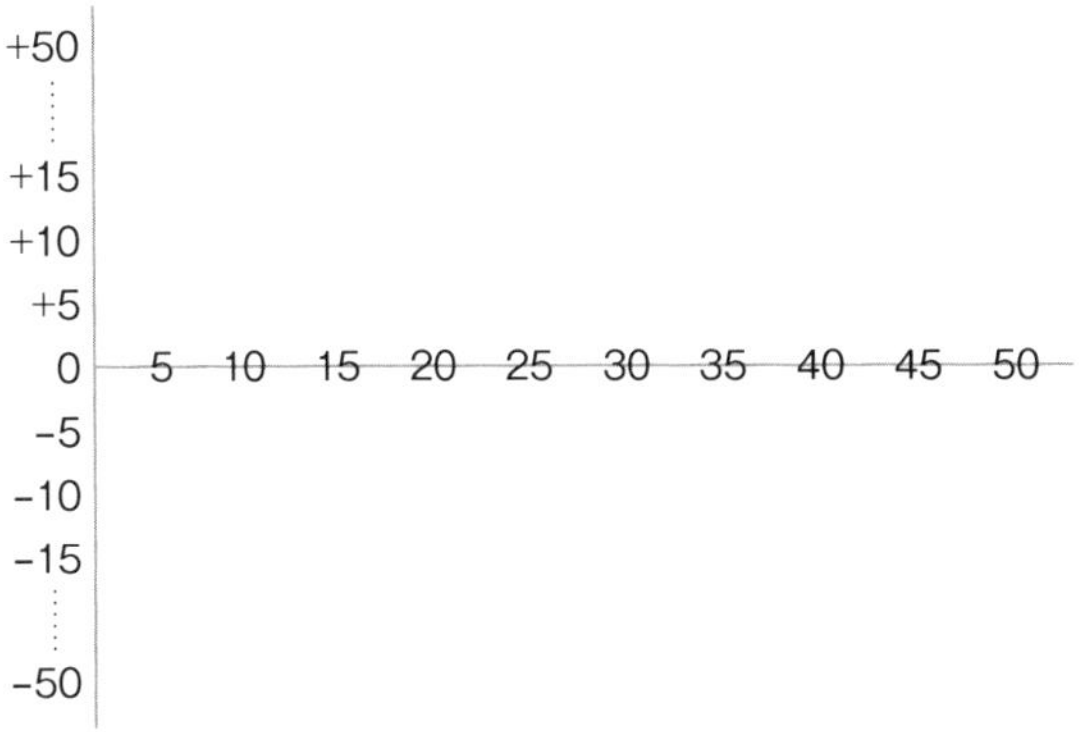


自分の人生に何が大きく影響を与えてきているのかを分析するテクニックです。

早速、タイムラインで自分史を作成してみましょう。まずは図4－3を紙に書きます。

横軸は年齢です。5、10、15……と5の倍数を自分の年齢まで等間隔に入れていきます。

縦軸は0を真ん中に置き、上が＋、下が－です。目盛はそれぞれ5、10、15……と50まで記入します。縦軸は人生に起きたプラス面、マイナス面を記入します。目盛はその度合を表します。例えば、

・10歳　愛犬が死んでしまい人生で初めて大きな悲しい思いをした（－30）
・14歳　部活で県大会に出場しベスト8まで進

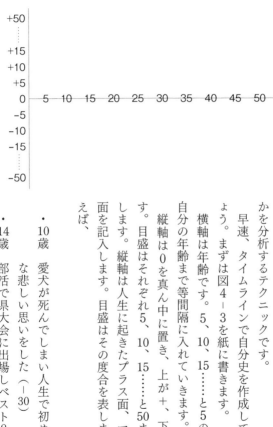

むことができた（＋30）
・15歳　希望した高校に入学できた（＋40）
・18歳　希望の大学に入れず浪人した（－10）
・23歳　そこそこ満足できる仕事に就くことができた（＋5）
・24～26歳　ハードワークすぎて自分の時間を持つことができなかった（－35）
・30歳　希望するキャリアへの転職をすることができた（＋15）……etc.

といった具合に人生の節目で起きた出来事、その時に考えていたこと、感じていたことなどを振り返ってください。

自分の人生に大きな影響を与えた出来事や、今の考え方をするようになったきっかけはどういったことだったでしょうか。どのようなことを大切に、逆にどのようなことはあまり考えずに生きてきたのでしょうか。

こうした過去を振り返ることとは、私達を怒らせる本当の原因であるコアビリーフを見つけるヒントになります。コアビリーフは自分の人生の経験から出来上がります。自分史を振り返ることで、自分がどのように出来上がってきたのかを分析することができます。

## テクニック⑥ プレイロール
## 憧れの人を演じ、理想の性格を手に入れる

あなたには「あんな感じで人に接することができればいいのに」と、真似したくなるような人物はいるでしょうか。

上司、先輩、これまでにお世話になった人でもいいですし、映画、小説、マンガのキャラクターでも構いません。

プレイは演じる、ロールは役割という意味です。つまり、プレイロールとは、憧れの人物の役割を演じることで、上手に怒れるようになることを目指すテクニックです。

実は、性格は後天的に獲得することができます。多少は生まれつきの部分もあるのですが、私はあとから学習していくらでも変われると考えています。誰かの真似をすることで、その誰かと同じように考え、行動することは実は簡単にできてしまうのです。

例えば、一流の俳優はこうしたことをいとも簡単にやってのけています。2004年にアメリカで公開された実在の大富豪・実業家であるハワード・ヒューズの半生を描いた『アビエイター』という映画では、レオナルド・ディカプリオが主人公を演じました。

ハワード・ヒューズは極度の強迫神経症として知られていました。例えば、病的なくらいに手を洗ったりします。ディカプリオは、このハワード・ヒューズになりきるために映画の撮影中、強迫神経症を演じ続けました。すると、映画の撮影が終わる頃には自分が本当に強迫神経症になってしまい、そのためにカウンセリングに通わなければならなくなったことが報じられています。

特別な俳優だからそこまで役に入り込めるというわけではありません。これは私達も同じようにできてしまうことなのです。

では実際に自分が真似たいと思う人を特定して、その人の真似を始めていきましょう。

**真似するにあたっては、その人自身をよく観察することです。**できる限り多く、その人の言動、振る舞いなどを集めることが上手に真似るためのコツになります。

例えば、あなたが何か怒りを感じる場面があったとします。その場面で、その人ならどうするでしょうか。どのような発言をするでしょうか。あるいはどのような行動をするでしょうか。

誰か特定の人を真似し、演じてみてください。こうしたところから、あなた自身がゆっくりと変わることが実感できるでしょう。

## テクニック⑦ ブレイクパターン
# 既存のパターンを壊し、変化に強い自分を作る

実は私達の生活はとてもワンパターンです。例えば、朝起きてから会社に行くまでは毎日同じような行動をしているのではないでしょうか。

朝7時の目覚ましで起きて、起きたら洗面所で顔を洗う。テレビはいつもの番組でニュースと天気予報をチェックして、朝ごはんはコンビニで買ったパン。駅まで自転車で行って駐輪場にとめ、いつもの時間の電車に乗って通勤。電車の中ではスマホでいつものアプリ……。

こんな風に特に意識をしているわけでもなく、私達の生活は実にワンパターンにできています。ワンパターンにできているというよりも、無意識的、意識的に関係なく、ワンパターンにしようとしているのです。

なぜなら、ワンパターンの方がいちいち考えなくていいからです。ある研究では、私達が一日に決められる物事の数は決まっているそうです。決めれば決める程、そのためにエネルギーを使って疲れてしまい、大事な時に考えたり、決断するエネルギーが枯渇してし

まうというのです。

しかし、ワンパターンで生きることは効率的であるというメリットはある一方で、ちょっとした変化に対してストレスを感じたり、居心地の悪さを感じたりするようになります。それは第一次感情となりやすく、怒りの感情を生みやすい前提条件になるのです。

そもそも、現代は昔よりもはるかに変化の大きな環境です。環境は変わる方が自然です。今の時代、環境の変化を嫌がるということは、むしろデメリットにもつながります。

ブレイクパターンは文字通り、パターンを壊すことです。**自分がはまってしまっているパターンを自ら壊すことで変化に強い自分を作る努力をします。**これはひいては、怒りに左右されないメンタルを作ることにもつながります。

ブレイクパターンのやり方はとても簡単です。ただし、やり方は簡単ですが、取り組むのはなかなか大変かもしれません。

それは、「今日から毎日、何かいつもと違うことを1つ心がけてやってみる」というものです。変えることは何でも構いません。朝見るテレビ番組を変える、毎日食べるものを変える、通勤で乗る車両を変える、会社帰りに立ち寄る本屋を変える、今まで降りたことのない駅で降りてみる、断り続けていた集まりに参加してみる等々。

いきなり思い切って何かを変える必要はありません。毎日の生活の中で、仕事の中で少し意識すれば変えられるものを1つだけ変えてみるのです。

このブレイクパターンの目的は、変わっても大丈夫と思える自分を作ることです。少しの変化に翻弄されるような自分ではなく、むしろその変化を楽しめるくらいの自分になることです。

実践する中で、変わっても平気というメンタルになることが、いかに日々のストレスを小さくし、イライラを減らすかを実感することができるでしょう。

## テクニック⑧ 24時間アクトカーム 一日だけ穏やかな人を演じてみる

アンガーマネジメントを教えていて最も多い質問の1つが、「怒りっぽいあの人を変えるにはどうすればいいか?」というものです。

とは言え、アンガーマネジメントは誰かを変える魔法ではありませんので、何か呪文を唱えたら怒りっぽいあの人が急に穏やかになる、なんてことはありません。

このように、私達はとかく誰かを変えたいと考えてしまいます。しかし、ここまで読み進めてきた読者の方ならもうおわかりかと思いますが、私達を怒らせているものの正体は、他ならぬ自分自身です。

私達が怒るのは、誰かのせいでもなければ、何かの出来事のせいでもありません。自分が信じているコアビリーフが目の前で裏切られた時に私達は怒るのでした。

そこで紹介するのが「24時間アクトカーム」というテクニックです。

アクトはアクションの動詞なので、行動する、振る舞うといった意味です。カームは穏やかにという意味です。つまり、24時間アクトカームというのは、「24時間穏やかに行動してみる」というテクニックです。

このテクニックは、自分自身が行動を変えることで、一体どのように周りが変わるのかを体験することがねらいになります。

方法はいたって簡単です。**今から24時間、何があっても、心の中がどうであれ、どんな感情が生じた時であれ、徹底して穏やかに振る舞ってください。**

穏やかに振る舞うとは、表情はにこやかに、口調は柔和に、仕草や振る舞いも丁寧なものにすることです。

表情をにこやかなものにするということは、何があってもいつも笑顔です。笑顔であるということは、眉尻は下がり、口角は上がります。口調が柔和なものになるということは、口調に怒気が含まれるようなことはありません。また丁寧な言葉づかいや敬語を使うことになるでしょう。また、仕草や振る舞い、行動を丁寧にするということは、乱暴な行動はしないし、雑にモノを扱ったりもしないでしょう。

24時間アクトカームのポイントは自分がどのように感じていても、周りの人から見える行動だけは徹底して穏やかにするということです。

実は私は、この24時間アクトカームを、数あるアンガーマネジメントのテクニックの中でも特に好んで使用していました。

自分がどんな感情を抱えていようとも、穏やかに振る舞うことで周りの反応はこんなにも変わるのか、と本当に驚くくらいの変化を感じることができましたし、今まで自分自身がいかに不機嫌を撒き散らしながら行動をしていたのか、よくわかりました。

24時間アクトカームは、あえて忙しい日を選んで挑戦するのもよい選択です。忙しい日はイライラしやすい日ですから、ハードルは高くなりますが、だからこそより周りの変化を実感することができるでしょう。

また、24時間アクトカームをやる時は周りの人に宣言してもいいですし、黙って行っても構いません。宣言してから取り組むメリットとしては、周りの人に自分ができているかどうかをチェックしてもらえるという点が挙げられます。

## テクニック⑨ 変化ログ
### 自らの変化を設計し、目的と手段を明確にする

人間は、基本的に変わることを嫌がるものです。現状に問題があるかどうか、満足しているかどうかは関係ありません。少しの変化も受け入れたくない、とにかく変わりたくないと無意識に抵抗をしています。

これは「現状維持バイアス」と呼ばれるもので、基本的にすべての生物には現状を維持しようとする力が働いています。なぜなら、生物にとって変わらないことは安定を意味し、居心地がよいものだからです。

ただ変わらないことには大きな問題もあります。それは、環境が大きくスピーディに変わる現代のような環境においては、**変わらないことは安定ではなく、後退、衰退を意味す**

**ることになるからです。**

あなたの職場にも頑なに昔のやり方、考え方を押し通す人はいないでしょうか。仮に時代に取り残されたような仕事の仕方をしていたら、今の時代、その人が活躍することは非常に難しいでしょう。

アンガーマネジメントに取り組むということは、少なからず何かしらの変化を作っていくことになります。あなたが変わらないまま、アンガーマネジメントが上手になることはありません。

また、変わりたいと思いつつ、なかなか行動に移せない人も多いと思います。変わる決意をしても、実際にどのように動けばよいのかわからない、忘れてしまうという人もいるでしょう。

そこで、ここで紹介する「変化ログ」というものをつけます。

これはアンガーマネジメントのために自分自身を変えようという決意を明確にするためのものであり、実際に必要な現実的で具体的なステップを考え、書き出すことです。

変化ログでは、次の2つのことを記録します。

図4-4　変化ログフォーマット

| 1. 自分が作ろうとしている変化 |
| --- |
| 上司との関係を改善したい。改善することで業務は今よりも確実に捗るようになるし、何よりも自分のストレスを軽減することができる。 |
| **2. 変化を作るために必要な現実的で具体的なステップ** |
| 明日、ランチに誘ってみる。上司は魚好きだから、日替わりで魚定食が評判の定食屋さんに行こうと誘ってみる。誘うことができたら、できれば仕事のことではなくて、趣味の話題などプライベートな話題を自分から積極的にふってみる。 |

1. 自分が作ろうとしている変化
2. 変化を作るために必要な現実的で具体的なステップ

「自分が作ろうとしている変化」を書く時のポイントは、その変化が自分本位なものではなく、周りの人にとっても長期的に健康的なものにすることです。

「変化を作るために必要な現実的で具体的なステップ」を書く時のポイントは、自分自身がすぐに起こせる行動に絞って書くことです。そしてそれは現実的に実行可能であって、誰が見ても実行できるくらい具体的になっていることが重要です。

ここで変化ログの例を挙げてみましょう。

## シチュエーション

どうしても反りの合わない上司がいて、毎日会話をするのも苦痛なくらい苦手です。苦手意識からだんだんと疎遠になってさらに付き合いにくくなり、必要な意思疎通さえとることが難しくなってしまっています。そこであなたは上司との関係を改善するために思い切って行動に出ます。

## 変化ログフォーマット

**1. 自分が作ろうとしている変化**

上司との関係を改善したい。改善することで業務は今よりも確実に捗るようになるし、何よりも自分のストレスを軽減することができる。

**2. 変化を作るために必要な現実的で具体的なステップ**

明日、ランチに誘ってみる。上司は魚好きだから、日替わりで魚定食が評判の定食屋さんに行こうと誘ってみる。誘うことができたら、できれば仕事のことではなくて、趣味の話題などプライベートな話題を自分から積極的にふってみる。

変化ログをつける一番のメリットは、自分がどのような変化を望んでいるのかを目に見える形にするとともに、その達成の仕方までを可視化することです。

つまり、**目標と手段を明確にすることです。**

人にとって目標は地図のようなものです。どこかに向かう時に地図がなければ迷子になってしまいます。

そして手段は道順を示すことです。目的地がわかっても道順がわからなければ遠回りをしてしまいます。

変化ログは地図に例えるなら、目的地と道順を決めるナビのようなものです。この2つがあることで、「怒りの感情と上手に付き合う理想の自分」という目的地に、最短で向かっていくことができるようになります。

## テクニック⑩ 3コラムテクニック
## 自分のコアビリーフと向き合い、よりよく書き換える

アンガーマネジメントは怒りの感情と上手に付き合うための心理トレーニングですが、

最終的な目標は何かと問われれば、それは自分や周りの人にとって長期的に見た時に健康的な考えや行動ができるようになることです。

そしてその核となるものが自分のコアビリーフと向き合うことですが、この3コラムテクニックは**自分のコアビリーフと向き合うためのテクニックです。そしてその中で、具合が悪いコアビリーフがあるようであれば、書き換えることができないか挑戦していくテクニックです。**

ここまで見てきたように、コアビリーフは変えることが難しいものです。しかも、コアビリーフに正解、不正解はありません。

そうすると、時には自分自身にとっては正解だったとしても、自分や周りの人を将来幸せにしないコアビリーフがでてくることもあります。

このように自分のコアビリーフに対してモヤモヤしてしまった時に、自分のコアビリーフの歪みを確認して、現実を正しく受け止め、場合によっては自分のコアビリーフを書き換える、こうしたテクニックが3コラムテクニックになります。

コラムは英語の新聞などの「欄」を意味します。つまり3コラムテクニックとは、3つの欄のテクニックという意味になります。

3コラムテクニックは、次の3つの欄からできています。

1. アンガーログ
2. コアビリーフの解釈と歪み
3. リフレーム（書き換える）

1つ目の欄には、アンガーログから最近気になったものを選んで入れます。

2つ目の欄では、そのアンガーログから自分のコアビリーフを突き止めます。私達はどんな出来事も自分のコアビリーフを通じて解釈します。ここでは、その解釈が歪んでいないかについても考えます。

3つ目の欄では、もし出来事の受け取り方、解釈の仕方が自分にとって、あるいは周りの人にとって長期的に見た時に健康的なものでなければ、どのように受け取り方を変えればよいのか、あるいはコアビリーフそのものを書き換えた方がよいのかを考えます。

では例を挙げて3コラムテクニックの3つの欄を埋めていきましょう。

1. アンガーログ

上司に報告の仕方が全然なってない、とまたダメ出しされてムカついた。3点。

ここでは、上司から報告書の提出方法、内容について叱責をされたという事実を書いています。前回の報告の時にもダメ出しされたので、またかという思いもあり、怒りを覚えたという経緯があります。

2. コアビリーフの解釈と歪み

そもそも、上司は部下に細かく口出しするべきじゃない。それに、俺ばかりいつも文句を言われている。きっと上司は俺のことを鬱陶しく思っているに違いない。ダメ出しするのは俺のことが嫌いだからに決まっている。

この中には、「上司は部下に細かく口出しするべきじゃない」というコアビリーフがあります。そして、ダメ出しが続いたということもあり、「人は嫌いな人にダメ出しをする」というコアビリーフもあります。しかし、これは歪んだ認識に当たるかもしれません。

## 3．リフレーム（書き換える）

もしかしたら、上司にとっては細かく口出ししているという思いではなく、何か別の考えがあって指摘しているのかもしれない。そもそも、どのように報告をすれば100点なのか、上司の最終的な成果物のイメージを聞いたことがなかったな。

あと、ダメ出しが連続であったからと言って、自分のことを鬱陶しいと思っていると考えるのは、少しオーバーかもしれない。考えてみれば、同僚も結構な頻度でダメ出しされているようだし、自分ばかりというわけではないだろう。

自分のコアビリーフも正解であると同時に、上司のコアビリーフも正解です。ここでは、一度上司の立場を考えてみることで、実はそんなに細かいことを指摘しているつもりはないのではないか、また、もしかしたら最終的な成果物のイメージを共有することで、問題が解決するのではないかと考えました。

また、周囲をよく見てみると、同僚も自分と同じようにダメ出しをされていることがわかり、上司が自分ばかりを鬱陶しく思っていると考えるのは、少々行き過ぎた思い込みで

図4-5　3コラムテクニックフォーマット

| 1. アンガーログ |
|---|
| 上司に報告の仕方が全然なってない、とまたダメ出しされてムカついた。3点。 |
| **2. コアビリーフの解釈と歪み** |
| そもそも、上司は部下に細かく口出しするべきじゃない。それに、俺ばかりいつも文句を言われている。きっと上司は俺のことを鬱陶しく思っているに違いない。ダメ出しするのは俺のことが嫌いだからに決まっている。 |
| **3. リフレーム（書き換える）** |
| もしかしたら、上司にとっては細かく口出ししているという思いではなく、何か別の考えがあって指摘しているのかもしれない。そもそも、どのように報告をすれば100点なのか、上司の最終的な成果物のイメージを聞いたことがなかったな。<br>あと、ダメ出しが連続であったからと言って、自分のことを鬱陶しいと思っていると考えるのは、少しオーバーかもしれない。考えてみれば、同僚も結構な頻度でダメ出しされているようだし、自分ばかりというわけではないだろう。 |

あるということに気づくことができました。

以上のように、丁寧にこの3つの欄を埋めていくことで、自分がどんなコアビリーフを持っているのか、そしてそのコアビリーフを基にして現実を歪んで受け取っていないか等を確認し、正しく現実を見られるように考え直す作業をします。

3コラムテクニックは落ち着いてできる時間帯を選んで行いましょう。自分のコアビリーフと向き合う作業は自分自身と向き合う作業になるので、気持ちを落ち着け、ゆっくりと時間のとれる時に行うことをお奨めします。

言うなれば、3コラムテクニックは1人ディベートのようなものです。自分で自分のコアビリーフが歪んでいないか、出来事の解釈が歪んでいないのかを議論するのです。

ディベートは相反する立場から議論するものです。自分を肯定したり、反証したりと両面から自分自身を振り返ることで、自分のコアビリーフを正しく振り返ることができます。

# 第5章

# 仕事でも角が立たない！上手な「怒りの伝え方」

## 「上手な怒り方」の3つのポイント

第2章で、怒ることの目的はリクエストを伝えることと説明しました。リクエストをきいてもらうためには、怒られている側に気持ちよくあなたのリクエストを聞きたいと思ってもらうことがとても大切になります。

なぜなら、こんな人のリクエストなんて聞きたくないと思われてしまえば、リクエストは通りづらくなるからです。

上手な怒り方は次の3つのポイントに整理できます。

**1. リクエストが誰からも明確である**

**2. 怒る基準の納得度が高い**

**3. 穏やかな表現を使う**

上手な怒り方のポイント①

## リクエストが誰からも明確である

怒る時のリクエストは具体的、明確でないと伝わりません。今どうして欲しい、次からどうして欲しいということが伝わらなければ、相手も行動しようがないからです。

何度も同じことを怒っているのに一向に相手が言うことを聞いてくれない、リクエストが通らないと悩んでいる人は、このリクエストが具体的、明確になっていないのではないでしょうか。

ポイントは、**怒ったあとで相手が自分の出したリクエストをどのように受け取っているのか、何をすればいいと思っているのかを確認することです。**もしかすると、自分が意図していない理解の仕方をされているかもしれません。

また、リクエストに対する行動を、誰が見ても評価できる状態にしておくことがとても大事です。これも「俺の気持ちを察してくれよ」という怒り方になっている人が多いですが、何をもってその気持ちがわかったことになるのか、誰にもわからないという場合がほとんどです。

あなたが出すリクエストは、相手が行動に移した時に第三者でも評価できるものになっているでしょうか。

誰もが評価できるリクエストでないと、怒っている側は「リクエストを聞いてくれない」と不機嫌になりますし、怒られている側も「やっているのに以前と同じように怒られている」と感じて、水掛け論になってしまいます。

上手な怒り方のポイント②

## 怒る基準の納得度が高い

怒る基準が明確であるということは、第2章の思考のコントロールの三重丸のところで説明した、怒るか怒らないかの境界線にブレがないということになります。

私達の三重丸は機嫌によって支配されているということを述べました。機嫌によって左右されるということは、同じ出来事があったとしても、同じことを経験したとしても、ある日は怒るが、ある日は怒らないということです。

それでは怒る基準が誰の目にも明らかではありません。いつでも、誰に対しても同じ基準で怒ることで、その基準は明確になります。

また、その基準が、他の人から見た時に納得度が高いということも重要です。基準の納得度が高いということは、リクエストに対する行動の評価が第三者でも評価できることに通じます。基準の納得度が高いから、相手はリクエストを受けてくれるのです。

基準の納得度が低いと思われるものは、自分勝手、わがままなリクエストと思われてしまうので、相手も気持ちよく受け入れてくれないのです。

上手な怒り方のポイント③

## 穏やかな表現を使う

怒る時の目的は、リクエストを通すことです。そうすると、怒ると言っても、表現は自然と穏当なものになるはずです。相手を責めているような表現であれば、その場ではリクエストを通せたように見えても、その後、長い間にわたってリクエストを通し続けることはできないでしょう。

大声を出してしまう、強い態度に出てしまう、つい相手を責めてしまうという人は、怒ることは相手に力ずくで言うことを聞かせることだと、怒ること自体の前提を大きく誤解しています。

相手に言うことを聞いてもらうということは、自分がどうされたら行動しやすいかを考えることです。力ずくで言うことを聞きたい人なんていないはずです。あなたがこれから怒る相手も、あなたと同じようにそう思っています。

## 「やってはいけない」4つの怒り方

ここまで、怒る行動を取る時に必要な大きなポイントを見てきました。しかし、怒る時はどうしても感情的になりがちで、ついつい先のポイントにそぐわない行動を取ってしまいがちです。

ここでは、相手にリクエストを気持ちよく受け取り行動してもらうためにも、怒る側がやってはいけない態度やNGワードについて、解説していきます。

まず、代表的な「やってはいけない怒り方」を4つ紹介します。

1. 不機嫌だから怒る
2. 感情的に怒る
3. 人格を攻撃する
4. 人前で怒る

やってはいけない怒り方①

## 不機嫌だから怒る

ここまで述べてきたように、いくらリクエストが明確で、納得できるものであったとしても、怒る相手に「この人、今は機嫌が悪いから、私を怒っているのだな」と思われた瞬間、怒ることの意味はなくなってしまいます。

怒られている間は神妙に聞いているように思えたとしても、その実、この場だけ聞いておけばいいと、相手も心の中で思っているでしょう。

だからこそ、不機嫌そうな態度で怒ること、あるいは「この人、不機嫌だな」と思われるような行動は、誰かを怒る時にはなるべく避けるべきだと考えられます。

第2章で説明した思考のコントロールの三重丸を思い出してください。

あなたの心の中にある三重丸は機嫌によって支配されていて、機嫌がよければ境界線は外側に広がり、機嫌が悪くなると内側に狭くなり、この時、普段は許せることも許せなくなるというものでした。

これに対処する方法は、**普段から境界線を明確にしておき、できる限りそれを動かさずに怒るということです。**

そうすることで、「この人は機嫌のいい悪いではなく、明確な基準があって怒っているんだな」ということが相手に伝わります。

基準やルールに従って怒ることで、あなたは一貫性のある人として見られ、信頼されるようになります。

### やってはいけない怒り方②

## 感情的に怒る

感情を前面に出して怒るというのは、ただただ怒りたいから怒っているという状態です。

お店や銀行の窓口などを見ていると、思った以上にこうした例が見受けられます。係の人が怒っている人に向かって「どのようにすればよろしいですか？」と聞くと、「どうしたもこうしたもない！　一体、この店の対応はどうなっているんだ⁉」と噛み合わない会話を続けて怒っているような人です。

ここでの問題点は、怒っている人が自分の気持ちの説明ばかりになり、結局何をどうして欲しいのかというリクエストが相手に伝わらないことです。

こういう人はリクエストなしに感情だけをぶつけているので、怒ったとしても何も手に入りません。当然です。本人が自分で何をどうして欲しいのかわかっていないのですから、誰にもどうにもできません。

先ほど挙げた例は極端な例ですが、仕事や生活の場面でも、怒りの感情が優先するあまり、何をどうして欲しいのかというリクエストが不在になることはよくあります。

では、どうすればこうした怒り方を避けられるのでしょうか。

怒りは第二次感情ですから、怒りの感情の裏には何らかの感情が隠れています。それを突き止めることは怒っている側、怒られている側の双方にとって、とても大事です。その隠れている感情にこそ、怒っている人が伝えたい何かが隠れています。

自分が感情に任せて怒りそうになった時には、一度踏みとどまって、**まず「自分は何に怒っているのか」を考えるようにしましょう。その後、「では、自分は怒ることで相手に何をして欲しいのか」を明確にしましょう。**

この2ステップを設けるだけで、感情的に怒るということは激減するはずです。

やってはいけない怒り方③

## 人格を攻撃する

私達が怒ってよいのは事実、結果、言動など、誰が見ても評価の変わらないものだけです。**性格、人格、能力等といった、人によって評価が変動するようなものを怒ることはNGです。**

例えば、ある部下が遅刻した時、「遅刻をした」という事実は怒っても構いません。それは遅刻という事実が、誰が見ても本当に遅刻したのかどうかが評価できる、基準が明確なものだからです。

一方で、同じく遅刻を怒る時でも、「社会人としての自覚がないから遅刻をするんだ！

まったく、だらしない」といった怒り方はNGです。なぜなら、何をもって社会人としての自覚がないのか、あるいはだらしがないのか、人によって評価が分かれるからです。

このように、怒る側の主観に基づいて、性格、人格、能力などを怒ることは、いわゆるパワーハラスメントの境界線を越えることになります。

なぜなら、こうした必要以上に相手を責めるような言動は、厚生労働省が定義しているパワハラの6類型の1つである「精神的な攻撃」に該当するからです。

そもそも、性格、人格、能力などは、本人が変えたくても変えられない部分もあります。こうした部分に触れて叱責することは、人格否定となり、パワハラ問題になりやすい部分でもあります。

それでも、なぜこうした性格、人格、能力などを怒ってしまうケースが後を絶たないのかと言えば、それは怒ることはリクエストであるという大前提がないからです。

怒ることは相手を反省させたり、一度精神的にへこませることであり、そのためには強く言う必要があると思っているので、つい言う必要のない性格、人格、能力といったものを持ち出し、相手を責めてしまうのです。

こうした相手の部分を責めれば、相手は逃げようとします。逃げようとした相手からでてくる言葉は、怒る側にとっては言い訳にしか聞こえないでしょう。言い訳のように聞こえてしまうと、さらに相手を責めようとしてしまい、相手はさらに逃げようとするという悪循環にしかならず、リクエストを聞いてもらうことはできません。

**大切なのは、事実だけを怒ることです。**自分が怒っているのは、客観性のある事実なのか、それとも自らの主観に基づいた相手への意見なのか、相手にそれを伝える前にチェックする癖をつけましょう。

やってはいけない怒り方④

## 人前で怒る

皆の前で怒ることで、他の皆にも何が問題か共有できるから、わざと皆の前で怒っているという人がいます。しかしこれは、アンガーマネジメント的には全くお奨めできない方法です。

怒られるということは、どういうことであれ少なからず恥を感じるものです。それを人前でされれば恥をかかされた、屈辱的な思いをしたと感じ、怒られた側には居心地の悪い思いしか残りません。

その居心地の悪さは、怒った人への反感の感情を生みます。反感の感情を抱くことで、怒った人のリクエストを聞くことを無意識のうちに拒否するようになるでしょう。これでは、怒る本来の目的を達成できないことになります。

怒られた側が相手のリクエストを聞くのは、相手との信頼関係、相手への尊敬の念があってこそです。反感が強ければ、言うことを聞きたいとは思わないのが人情です。

これを回避するために、**怒る時は必ず一対一、フェイス・トゥ・フェイスの場を設けるようにしましょう。**

また、同じ理由で電話、メール等でも怒るのはやめましょう。身振り、表情といった要素がない分、向き合って怒るよりもはるかに相手に怒っていることを伝えるのは難しくなります。

## 怒る時のNGワード

やってはいけない怒り方の次は、怒る時の「NGワード」です。NGワードも怒る時のあなたのリクエストを通りづらくするものです。これらのNGワードを使っていては、伝わるものも伝わらなくなります。

ここでは、代表的な4つのNGワードを紹介します。

1. 過去を持ち出す言葉
2. 相手を責める言葉
3. 強い言葉
4. 程度言葉

## NGワード① 過去を持ち出す言葉
## 「前から言ってるけど」「何度も言ってるけど」

過去を持ち出す言葉というのは、「前から言ってるけど」「何度も言ってるけど」といったように、繰り返し同じことを前から言っているよということを相手に示す言葉です。

怒っている側がこの言葉を使いたいのは、いかに自分が怒っていることが正しいことなのか、一貫性があることなのかを強調したいからです。

また、何度も言っているのに理解してもらえないという不満をぶつけるという意味合いもあります。

しかし、怒られている側にしてみれば、「なんで今さらそんな昔のことを持ち出してくるんだろう」「今のこととは関係ないのに」と、いくらでも不信感が募ります。不信感を持つと同時に、この人の言うことを聞きたくない、と心のシャッターを閉じてしまいます。

また、そもそも何度も言っているのに理解されていないのは、こちらのリクエストの出し方に問題があるかもしれないのです。そうした場合には、「本当にそんなに前から言ってたっけ？」と思われてしまい、これまた不信感を募らせてしまいます。

これを避けるためには、怒る時には**「今のことだけ」を怒るようにすることです。**どんなに過去のことと紐付けたくなっても、それを抑えるようにしましょう。

## NGワード② 相手を責める言葉
## 「なんでそうした？」「なぜできない？」

相手を責める言葉というのは、「なんで？」「なぜ？」といった理由を問いただす言葉です。

これを聞いて、「怒る時には、なぜそうなったのか理由を聞くのが当たり前じゃないの？」と思うかもしれません。

確かに理由を聞くこと自体は間違いではないのですが、怒り始めた最初の段階で聞く必要はありません。理由はあとから聞けばいいのです。

人は「なぜ？」と言われると、どうしても自分が責められたと受け取ってしまいます。責められたと思った時に何をするかと言えば、その場から逃げようとします。その場から逃げたい、とりあえずこの場が丸く収まればいいと一度思ってしまうと、言われていることが耳に入らなくなります。

また、その場から逃げようとしている人から出てくる言葉は、言い訳が多くなります。

アンガーマネジメントは**「ソリューションフォーカスアプローチ」**といって解決志向に

根ざした問題解決方法がベースにあります。

解決志向での問題解決とは、平たく言ってしまえば、**問題や原因はとりあえず置いておいて、これからどうすればいいかを中心に考えるという考え方です。**

なぜなら、問題や原因は、それがわかったとしても、取り除けなかったり、今さらどうしようもできないことも多いからです。

であるならば、原因を追及するよりも、理想の状態と現状との間にあるギャップを埋めるために何ができるかを考えた方が前向きで、建設的になります。

そこで、「なんでそうした?」「なぜできない?」と過去や原因をひたすら聞くのではなく、むしろ「どうすればできる?」「何があればできる?」と、未来に向けた行動を聞くようにしましょう。

こうした質問をすることで、相手に自ら解決策を考えさせることができるので、怒られた側も責任を持って行動を選択することができるようになります。

## NGワード③ 強い言葉

## 「いつも」「絶対」「必ず」

強い言葉というのは「いつも」「絶対」「必ず」といった、100％を表す言葉です。

私達は怒る時にこれらの強い言葉をつい使いがちです。その一番の理由は、自分が怒っていることを強調したいというものです。怒っていることを強調するための修飾語として「いつも」「絶対」「必ず」といった言葉を使っているのです。

しかし、怒られた側からしてみると、「いつも報告してこないな？」と言われれば、「いつもじゃないのに……」と反発します。「お前は絶対に言うことを聞かないな」と怒れば、同じように「前は聞いたじゃないか」と不満を抱くでしょう。

つまり、強い言葉というのは、往々にして不正確な表現になりがちなのです。そうすると、怒られている側からすれば不満が残ります。不満が残れば、リクエストは通りづらくなってしまうのです。

そもそも、こうした強い言葉を使ってしまうのは、怒る相手のことをよく見ていないからです。

相手のことをよく見るというのは実は面倒くさい作業なのです。だから、何度か同じ失敗をしているなと思えば、「いつも」という言葉を使ってしまいます。誰も「5回中4回は言うことができていない」とは怒らないのです。

**怒るためには、本当は普段から相手を観察するなど準備が必要です。**しかし、面倒くさいので大して見ていないのです。大して見ていないから、相手との信頼関係が希薄なまま怒り、関係が悪くなり、怒ることが上手に伝わらなくなってしまっています。

こうした事態を避けるためには、「いつも」「絶対」「必ず」といった表現を使いたくなった時、**「より正確な表現はないだろうか?」と別の言い方を考えることです。**それだけで、不必要に相手に不満を抱かせることはなくなるはずです。

## NGワード④ 程度言葉
## 「ちゃんと」「しっかりと」「きちんと」

程度言葉というのは「ちゃんと」「しっかりと」「きちんと」といった程度を表す言葉です。これらの言葉も怒る時によく使ってしまいがちですが、表現する幅が広い言葉のため、怒っていることが相手に伝わらなくなる代表的な言葉です。

例えば、「ちゃんとやれ」と怒れば、怒られた側は「ちゃんとやってます」と思うかもしれません。「しっかりしろ」と怒れば、「しっかりしてるのに」と反感を買います。

そもそも、程度言葉は、言っている本人も実のところどの程度のことなのか、よくわかっていないからでてくる言葉です。

もし、怒っている側がどの程度改善して欲しいのか、不必要なのかを理解していれば、「今回は8割はできている」とか、「前回に比べて、これとこれはできているけど、これとこれはできていない」とか、具体的な言葉として相手に伝えることができます。

程度言葉を使う理由も、強い言葉の時と同様、面倒くさいからです。正確に相手に何かを伝えるためには、自分自身が怒る前によく考えなければいけないのですが、それが面倒なのでどうしても大雑把な表現を使ってしまうのです。

程度言葉の使用を避けるためには、**怒る前に事実を正確に把握することです。そして、正確に事実を把握できないことに対しては、不用意に怒らないことです。**

# 第6章

# タイプ別・特徴別「他人の怒りの対処法」

# 相手の怒りも「タイプ」を知れば怖くない

第2章で見た通り、私達が怒る原因は私達の中にあるコアビリーフです。コアビリーフには正解、不正解があるわけではなく、人それぞれ違っているというものでした。

ここまでは主に自分のコアビリーフと上手く付き合う方法を見てきましたが、本章では相手が持つコアビリーフのタイプを見極めて、それに上手く対処する方法を紹介していきます。

誰がどのようなコアビリーフを持っているかがわかれば、それは誰がどう怒るのかがわかるということにもなります。

一見すると捉えどころのないコアビリーフですが、よく見ていくといくつかのタイプに分けることができます。例えば、正義感が強いタイプ、何事も白黒つけたがるタイプ……といったものです。

本章ではあなたの職場にいる人を6つのタイプに分け、その人達が怒った時にどのように対処すればよいのかを解説します。

ではタイプを見ていきましょう。主に次の6つのタイプに分類できます。

1. 正義感が強いタイプ
2. 何事も白黒つけたがるタイプ
3. プライドが高いタイプ
4. 頑固で人の意見を聞かないタイプ
5. 慎重に考えたいタイプ
6. とにかく行動したいタイプ

ちなみに、これらのタイプは1人の人がきれいにそのタイプに当てはまると言い切れるようなものではなく、6つのタイプが1人の中に強弱を持って混在しています。同時に複数のタイプが現れる場合もあれば、日によってタイプが変わるということもあります。

この人はこのタイプが強いな、と観察することは対処する時の参考になりますが、この人はこうと決めつけてしまうと、それはそれで問題になります。あくまでも1つの参考としてタイプを見てください。

## タイプ① 正義感が強いタイプ
### 「それは正しくない」「彼は礼儀がなってない」

正義感が強いタイプの人は、自分の価値観において正しいということをとても大切にする人です。正しいというのは、道徳的に正しい、倫理的に正しい、秩序立っている、規律正しい、マナー的に正しいといったことが挙げられます。一言で言うなら、「正義の味方」のような人です。

正義、道徳、倫理、躾《しつけ》、マナー、親的態度といったキーワードに関することで怒る人は正義感が強いタイプです。

正義感が強いタイプのよい点は、規律や道徳といったものを重んじるので、一般的に見れば正しい言動ができることです。組織の中に正義感が強いタイプの人がいることで、組織は道徳的、倫理的な価値観を行動規範にすることができるので、大きなメリットになります。

Googleには、非公式ながら「Don't be evil.」(邪悪になるな)という行動規範があると言われていました。これはユーザーに対して常に高い倫理観を持ってサービスを提供していこうという気持ちの表れです。

こうした行動規範があることで、Googleは社員一人ひとりがその規範に従った行動ができるようになり、またお互いに影響し合えることで、世界屈指の企業に成長できたと言っても過言ではないでしょう。

一方、正義感が強い人が怒りを表明する時、こんなセリフをよく言います。


「それは正しくない」

「あなたのことを思って言うけれど……」

「彼は礼儀がなってない」


このように、行動規範が強すぎるあまり、言いにくいことでもはっきり言ったり、礼儀や公共の場でのマナーに対して、つい怒りがちな面があります。

正義感が強いことはよいことである一方で、その正義感は時に独りよがりなものとなり、怒られている側にはその正しさが伝わってこないということもあります。

特に、このタイプの人は怒る時に正論を言ってきます。それが本当に正論なのかどうかは一旦置いておくとして、少なくとも自分にとっては正論だと思っています。

正論を言っていると思って怒っている人に正論で反論するのは、火に油を注ぐようなものです。議論は噛み合わないのに、お互いに妥協することもなく、時間だけが無為に流れていくでしょう。

では、正義感の強いタイプの怒りに対処するには、どうすればいいのでしょうか。

まずは相手の言っていることを一通り聞くことです。独りよがりな正義感で怒っている時、多くの場合、相手は事実と思い込みを混同して話しています。

**相手の発言を冷静に聞くことで、そこから事実だけを抜き出して、その部分についてのみ話をするようにしてください。**

その時、思い込みの部分について、こちらもつい頭にきて訂正したくなるかもしれません。しかし、思い込みの部分に触れて話す必要は全くありません。なぜなら、思い込みの部分について話したとしても、そう思う、そう思わないといった水掛け論になるだけだからです。

例えば、正義感の強いタイプの上司から、こう言われたとしましょう。

「最近、仕事に集中できていないようだな。今回のレポートにも、計算ミスが3箇所もあったぞ。プライベートが上手くいってないんじゃないのか？　プライベートが乱れてるからこんなミスをするんだよ」

この時上司は、自分が言っていることは全くもって正論だと思っています。しかし、この上司のセリフの中には事実と思い込みが混ざっています。

事実は計算ミスが3箇所あったこと。思い込みはプライベートが乱れていること、プライベートが乱れているから仕事でミスをしたこと、です。

特にこのような相手のプライベートに踏み込んで攻撃するような発言は、厚生労働省が定義するパワーハラスメントの6類型の1つである「個の侵害」（個人のプライバシーを侵害するハラスメント）に該当しえるものです。

もしあなたがこんな風に言われたら、とても気持ちのよいものではないでしょう。ただし、だからといってここで上司の思い込みに対して反論しても、上司はより強くさらに反論をしてくるだけです。

ここで話題にするのは計算ミスの点だけです。プライベート云々については聞く必要がありませんし、これ以上話をする必要もありません。

もしそれでも、続けてプライベート云々の話をされるようであれば、それはプライベートに当たることなので立ち入らないで欲しい、と毅然とした態度で反論した方がいいでしょう。

以上のように、正義感の強い人と話をする時は、何が事実で、何が思い込みなのかを注意深く分けながら、事実の部分についてのみ話をするようにしましょう。

## タイプ② 何事も白黒つけたがるタイプ
## 「それはよいのか悪いのか、はっきり決めて」

何事も白黒つけたがるタイプの人は、よくも悪くも物事を両極端に考える人です。両極端というのは、白か黒か、よいか悪いか、味方か敵か、0か1かといった具合にはっきりと二極化して考えるということです。

曖昧、グレーゾーンといった感覚で物事を考えたり、捉えることが苦手で、すぐにどちらか一方に決めたがるところがあります。

何事もはっきりと白黒つけるということは、迷いがないという点ではとてもよいことです。また、一度どちらかに決めてしまえば、そのままその方向に進んでいけるという強さも兼ね備えています。

そんな白黒つけたがるタイプの人は、不機嫌になるとこんなセリフを言います。

「どっちかはっきり決めて」
「それはよいのか、悪いのか要点をまとめてくれ」
「一度決めたんだから、変えられないよ」

一貫性の原理といって、人は自分が決めたこと、信じているものに対して、常に一貫していたいという心理があります。何事も白黒つけたがるタイプの人はこの一貫性の原理が強く働いている人とも言えるでしょう。

また、いわゆる完璧主義なところがあるので、一度決めたことは変えたくない、自分が納得いくまで始められない、終われないといったところもあります。

確かに何事にも白黒つけることは、物事がはっきりするのである意味ではよいのですが、問題は世の中、必ずしも白黒で分けられないようなものの方が多いことです。白黒つけられないものに無理やり白黒をつけようとすれば、そこで軋轢《あつれき》が生まれることになり、その軋轢は怒りにつながるでしょう。

そもそも、白黒つけたがるタイプの人は曖昧さを許さないので、許容することが苦手です。人間関係においても味方か敵しかいないという極端な付き合い方をしているところがあります。

このタイプの人にグレーだったり、曖昧な回答で答えていると、そのうち、どちらなのかはっきりしろと詰め寄られます。現実的にどちらか一方に決めることができないようなことも、このように求められるので、このタイプの人が怒っている時、どっちつかずの返答を続けることは、相手を余計に怒らせる結果になります。

では、どうすればこのタイプの人の怒りに対処することができるのでしょうか。

まず、本人は白か黒かどちらか自分なりに決めているので、こちらが譲れるのであれば、**相手が決めている白か黒かの意見に同意してみましょう。**

相手と同じ方向を向いているよとアピールしながら同意しつつ、**何か問題が見つかるようであれば、その時点で問題点を挙げるなどして、議論を進めていきましょう。**最初からいきなり白に対して黒と答えてしまうと、そこでもう話は続かなくなります。

また、このタイプに一旦「自分と違う」と思われてしまうと、今後も自分とは違う人という風に扱われ、今後の人間関係にも影響してしまいます。

例えば、白黒つけたがるタイプのある同僚から、こんなことを言われたとします。

「A部長とB部長のことなんだけどさ、お前はどっち派？　俺はA部長派だ。確かに力関係ではB部長の方が強いのかもしれないけど、A部長の方が言っていることに理があると思うんだよ。お前もそう思うだろ？」

非常に面倒くさい派閥争いに巻き込まれそうになっている局面ですが、あなた自身は別にどちら派というわけでもありません。しかし、ここでどちらでもいいと答えていては、この同僚から敵視されかねません。

こんな時は、特にどちら派でもないのであれば、同僚の意見に素直にイエスと言っておいた方が無難でしょう。

白黒つけたがるタイプの人は前述した通り、一貫性の原理が強く働いているので、一度思ったこと、言ったことを撤回するのはそう簡単ではありません。

もし、今回の例でA部長について何か自分なりの意見があるのであれば、「A部長がいいとは思うけど、こういう点が気になるかな」といった感じで、一旦同意を挟んでから自分の意見を説明すればよいでしょう。

この時、B部長の長所や短所まで挙げてしまうと、どっちつかずの人間と思われてしまうので蛇足です。あくまで、興味・関心はA部長にあることを示しましょう。

とは言え、白黒つけたがるタイプの人も、基本的には合理的に物事を考えているつもりです。自分なりに考えた上で合理的でないと判断したものについては、答えを逆にすることだって当然あります。

ですので、まずは同じ方向を向き、同意します。問題があると思えば、少しずつ問題点を挙げて意見を伝えます。もちろん、最初から全く反対の意見であれば、反対の意を伝え、議論を戦わせることだって必要です。しかし、このような対処法を覚えておくことはムダではないでしょう。

## タイプ③ プライドが高いタイプ
## 「なんでこんなこともできないの？」

プライドが高いタイプの人は、自己承認欲求の強い人です。自分が考えていること、発言、行動にいたるまで、何かと承認を求めてきます。その承認はもちろん自分を気持ちよく肯定してくれるものです。

プライドの高さは自信の表れでもあります。自信があることはよいこともある一方で、過度に自信を持つことで、自惚《うぬぼ》れ、自信過剰といったデメリットにもつながります。

特に、この自信過剰は絶対的なものではなく、他者と比較する中で抱いた相対的なものであることも多く、自分よりも優れている人と比較した途端、逆に自信喪失してしまうということがよくあります。

常に人からの賞賛を求め、他人からの評価を気にしているので、プライドが高いように見えても、実は意外と打たれ弱い面があります。

プライドが高い人の欠点は、過度にプライドが高くなると、人の意見を素直に聞けなくなってしまうことです。人の意見を聞くということが、自分の否定につながると考えてしまうからです。

プライドが高い人は、怒るとよくこんなセリフを言います。


「なんでこんなこともできないんだ？」

「私の意見がどう見ても正しい」

「その程度のことで、普通悩む？」


プライドが高い人はとにかく自分を立てて欲しい、自分のことを一番大切に扱って欲しいと思っています。とは言え、誰と比べて一番かというのは、実は本人もわかっていないことが多いのですが、自分のことを邪険に扱われたり、脇役として扱われることを非常に嫌がります。

また、プライドが高い人は度が過ぎると、勝者の視点といって、弱っている人、できない人の気持ちを理解しようとしない、もしくは見下すところがあります。

プライドが高い人は自分からへりくだる、降りるということがとても苦手です。なぜなら、自分から降りることは負けを意味するからです。いつでも誰かと比較して自分が勝っているかどうかを確認するようなところがあります。

プライドが高い人は自分の非を認めること、自分ができないことを認めること、自分が負けていることを認めることを非常に難しいこと、許しがたいことと思っています。

なので、このタイプの人を言い負かそうとすると、まず言い合いの喧嘩になることは間違いないでしょう。

このタイプの対処法ですが、**あくまでも最初は相手を立てることがポイントになります。一度でも立てられると、いい気持ちになり、だったら相手の意見も少しは聞こうかという態度に変わります。**

例えば、プライドの高い先輩が仕事で役割を外され、こう言ってきたとします。

「俺を外すなんて本当にわかってないよな。大体、このプロジェクトはもともと俺が最初に提案した企画じゃないか。上は頭が悪いんだよ、全く。会議でお前が援護射撃してくれると思ったんだけどな。なんで黙ってたんだよ⁉」

先輩が仕事を外されたことはあなたには何の関係もないことなので、こんなことを言われても八つ当たりでしかありません。本当に迷惑な話ですが、ここでは先輩のことを肯定することがまずは先決事項です。プライドが高い人はとにかく認めて欲しい、自分が間違っていないということを言って欲しいと思っているからです。

その上でいつも応援していますというメッセージを伝え、これからも先輩のことを立てていきますよという姿勢を見せるとよいでしょう。

また、このタイプの人に効果的な方法として、普段からその先輩に近い人に、その先輩を立てていること、尊敬していることを伝えておくというのも効果的です。

先輩が他の誰かからあなたがその先輩のことを立てていたという話を聞くことは、直接あなたからの声を聞くよりも効果があったりします。第三者に言っているということは、皆にも同じことを言っていると思われるからです。

これはウィンザー効果として知られている心理効果です。多くの人がレビューサイトなどで、口コミ評価に大きく影響されるのはこの効果の1つです。

プライドの高い人に接するコツは、このように直接、間接の両方の手段を使って、その先輩を立てているというメッセージを普段から送っておくことです。

## タイプ④ 頑固で人の意見を聞かないタイプ
### 「言った通りにやっていないじゃないか」

頑固で人の意見を聞かないタイプは、自分のルールを一番大事に考えている人です。何か目標にたどり着くことよりも、自分が決めた手順で物事が進むことの方に重きを置いています。

このタイプの人は、様々なことに自分ルールを持っており、仕事の仕方はもとより、朝食、時間の使い方、服の着方といったものまで自分ルールを持っていることがよくあります。あらゆることをルーチン化して、それをこなすのが得意な人とも言えます。

なぜ自分ルールに固執するのかと言えば、少し不安症なところがあるからです。不安というのは決まっていないことに対して抱く感情なので、何も決まっていないと不安ばかりが大きくなってしまい、気持ちを平静に保つことができません。

そこで、自分ルールを決めておくことで、不確定なもの、不確実なものを少しでも減らそうと無意識のうちにやっているのです。

頑固で人の意見を聞かないというのは、人の意見を聞かないというよりも、人の話を聞いたとしても、自分のやり方を変えないという方が正しいかもしれません。

頑固で人の意見を聞かないタイプの人はこんなセリフをよく言います。


「言った通りにやっていないじゃないか」

「そういう決まりなんだから変えられないよ」

「万が一の時のために……」


万が一というのは現実にはまだやってきていない不安のことです。よく「不安症の人はモノを多く持つ傾向にある」ということが言われますが、これは万が一の事態に備えて、何でも必要以上に多く買ってしまうからです。

だからモノが増えていきます。モノが増えてくると、必然的に片付けも上手くいかなくなるので、整理をすることが上手ではなくなります。

これは情報についても同じことが言えます。心配なことがあると心配を拭うために情報を集めます。ところが情報を集めれば集めるほど、わかることと同時にわからないことも増えていきます。わからないことが増えるので、さらに情報を探して、さらに情報が増えていくという負の循環に陥ってしまったりします。

だから、自分のやり方を一定に定めて、それをできるだけ変えないように過ごしていこう、という思考になってしまうのです。これが、不安症な人が頑固で人の意見を聞かなくなる原因です。

ここまで述べてきた通り、このタイプの人が怒る時、その裏には、物事が自分の決めたルールと違うように進んでいて、正直不安だという感情が隠れています。

怒りの感情は第二次感情であることは第2章で説明しましたが、不安というのは第一次感情の中でも非常に大きな感情です。そのため、怒りの裏に隠れている不安を聞き出し、それを特定し、その不安を解消することができないかを考えます。

例えば、頑固で人の意見を聞かないタイプの上司があなたにこう怒ってきました。

「言った通りにやってないじゃないか！　言った通りにやらないと、あとでわからなくなって大変になるだろ！　なんでこんなことをしたんだ!?」

この場合、効率を考えてやりましたとか、よかれと思ってやりましたという反論は、相手には通じません。なにせ相手は目標を達成することよりも、自分が思っている手順通りに進めることの方が重要だと考えているからです。

ここでのポイントは、怒っている相手は自分が想定したのとは違う手順で仕事が進んでしまったことで、この先どのようになるのか想像できず不安になっているという点です。

こんな時は、**まず相手の思う不安が一体どういうものであるのかを聞き出すことです。**

そもそも相手が感じている不安は漠然としたもので、本人も本当のところ何をどの程度不安に感じているのか整理ができていません。そこで、あなたがその不安を聞く役割となるのです。

ここでは、「あとでわからなくなって大変になるだろ！」というセリフにある通り、完了した仕事の内容が、振り返ることができない状態になってしまっていることが、上司の不安を増大させている原因と言えそうです。まさに万が一の事態を恐れている状態です。

大体の場合、このタイプが感じる不安は現実のものにはなりません。だからといって、心配するほどのことではないですよと言っても相手には通じません。

ここでは、その不安が起きた時にこうすれば対処することができる、あるいはすでに解決した事例があるという事実を具体的に説明することで、相手が抱いている不安を小さくし、さらには怒りも静めることができます。

## タイプ⑤ 慎重に考えたいタイプ「一旦待とうよ」「先走りしすぎじゃない？」

慎重に考えたいタイプの人は、石橋を何度も叩いて確認してから渡るタイプの人です。行動しながら考えるということはせず、考え抜いた上で行動し始めます。

一見すると人当たりはよく、誰とでも上手に付き合っているように見えますが、パーソナルスペースを人一倍取るタイプなので、表面上は上手に付き合っていたとしても、心を開くということまではなかなかしない、もしくは難しいと感じています。

誰とでも穏やかに付き合っているように見えるので、怒った時、周りの人からは何の前兆もなく怒っているように思われることがあり驚かれます。

悪く言えば面従腹背という表現の当てはまる人です。面従腹背とは、表面では従っているように見えて、内心では反抗をしているという意味です。

また、人との距離をとるタイプなので、人のことをよく観察するということが得意ではありません。人のことをよく見ることが得意ではないので、レッテル貼りのように決めつけをすることが多くなります。

慎重に考えたいタイプの人は、不機嫌になるとこんなセリフを言います。


「一旦待とうよ」

「ちょっと先走りしすぎてるんじゃない？」

「それは○○に決まってるよ」


この発言に代表されるように、何も考えずに行動している人のことを信じられないと思っています。その人なりに考えて行動していたとしても、このタイプの人から見れば、周りの人は思慮深くなく、何も考えずに行動しているように見えているかもしれません。

また、大げさに悪い方に物事を捉える傾向も見られます。

例えば、朝に1つ悪い出来事があったりすると、その日は一日中悪い日だと思ったりします。特に根拠があるわけではなく、単純に悲観的に考える人が多いということです。

このタイプの人の怒りと向き合う時のポイントは、**相手にじっくりと考える時間を与え**

**ることです。**相手が内心感じている不安と、上手く折り合いをつける時間を用意してあげることで、できるだけ前向きな気持ちになってもらうことが大切です。

とは言え、相手が思うままに考えさせると、いつまでたっても結論が出ないので、考える時間のタイムリミットを設定してあげることです。

例えば、慎重に考えたいタイプの人があなたにこう怒ってきました。


「ちょっと待ちなよ。こんな考えもなしに進めていいことなんて何もないよ。もう一度考え直してスタートし直した方がいいって。でないと、絶対取り返しのつかないことになるから」


もう進み始めているし、今さら仕切り直すなんて面倒だし、やりながら微調整していけばいいじゃないか、という風には考えないのがこのタイプです。不安な点を残したまま進むことに強い抵抗感があって、まずは一旦止まりたいと思っているからです。

そもそも人は変化を嫌い、ちょっとしたことでも変わることを嫌がります。これは人に限らず、動物はなるべく同じ状態でいることが安全につながると本能的に捉えているからです。このタイプの人はその本能が強く出ている人と言ってもいいでしょう。

こういう場合はまず、相手が望んでいる通り、納得がいくまで考えてもらうことです。ただ、納得がいくまでといっても、悠長にずっと待っているわけにもいかないので、期限を決めることです。

例えば、「わかった。じゃあ、納得いくまで考えてみよう。でも、ずっと考えているわけにもいかないから、時間を決めよう。どれくらい時間があれば十分だと思う？」と、こちらから質問しましょう。

これは相手に選択権、決定権を渡すことを意味します。こちらが無理やり何かを進めてしまおうと思っているわけではないということをアピールすることができます。

これなら相手も了承せざるをえません。これでもし、答えがでてこないようであれば、仕方がないからもう前に進めるよと言えばいいのです。

## タイプ⑥ とにかく行動したいタイプ
## 「いいからやろう」「やってみないとわからない」

とにかく行動したいタイプの人は、先ほどの慎重に考えたいタイプの人と真逆のタイプと言ってもよいでしょう。

慎重に考えたいタイプの人がブレーキであるならば、とにかく行動したいタイプの人はアクセルです。常にアクセルを踏みっぱなしの状態の人です。

自分が思い立ったこと、興味があることは行動しないと気が済みません。とても行動力がある一方で、自分が面白いと思っていることは他の人も面白いと思っています。

あなたの周りにも「これ面白くない？」とすぐに聞いてきて、同意を求めてくる人がいるのではないでしょうか。

基本的に自分の興味のままに考え、行動しているので、よい意味でも悪い意味でも空気が読めない人とも言えます。

そのため、人によっては横暴な人に見える人もいるでしょう。実際、度を超えてしまうと、相手に自分の興味を強要するなど横暴な振る舞いをする人もでてきます。

とにかく行動したいタイプの人はこんなセリフを言います。

「いちいち考えてないで、いいからやろう」

「やってみなくちゃわからないだろ」
「こんなに面白いんだから、皆も興味があるに違いない」

慎重に考えたいタイプの人とは逆で、行動しない人が理解できません。なぜ考えているのか、なぜ立ち止まっているのか、そんなことをしているなら、まずは行動してみればいいのにという思いが前提にあります。

後先考えずに行動ができることは大きな強みである一方で、築いたと思った石橋が実は泥橋で、壊れて川に落ちていくなんて経験を何度も繰り返しています。そんな経験を繰り返していても、なかなか慎重にならない点は、短所でもあります。

このタイプの人はとにかく止まっている、止まっているように思えることが大嫌いです。

例えば、会議の終盤、最終の詰めをやっていて、ここは時間をかけてじっくりとアイデアを練り直さなければいけないというような場面でも、大人しくしていられません。早く会議を打ち切ろうとしたり、空気の読めない発言をしたりします。

ただ、そこに悪気はないのです。自分が思っていることは皆もそう思っているだろうと思っているので、自分が嫌なのだから、他の人も嫌だろうくらいの感覚でいます。

このタイプの人があなたにこう怒ってきたとします。


「もうそんなことどいいから、早く進めようぜ。こんなこと考えてたって仕方ないよ。もうイライラするなあ！」


無責任な言い方かもしれませんが、基本的にこのタイプの人は怒らせておいても構いません。ある意味放置しておくのが対処としては正解になります。

なぜなら、あまり後先のことまで考えて怒っているわけではないので、ここで逆に具体的にどうしたいかを詰めようとしても、話がまとまりません。

そうは言っても、目の前で自分に対して怒っているのだから、どうにかしたいと思うかもしれません。

そんな時、このタイプの人の怒りと向き合う時のポイントは、**前向きな発言、態度を示すことです**。私は立ち止まっていない、少しだけれど前進していると思えるような言動をアピールすることで満足します。

今回の例であれば、一緒になって、「そうだよね、早く進めよう。考えてたって仕方ないよね」と相手の言っていることをそのままオウム返ししてください。本当は考える必要があることだったとしても、その時はそうしておけば場を丸く収めることができます。

相手は具体的にどうにかしたいというアイデアがあるわけではなく、動いていない、動いているように思えないということに大きな不満を感じています。だから、動いている、動き始めたと思ってもらえればＯＫです。

ここまで6つのタイプについて、それぞれのタイプの特徴、怒った時によく言っているセリフ、怒った時の対処方法を見てきました。

これらのタイプもどれがよくて、どれが悪いというものではありません。また、繰り返しになりますが、一人ひとりがきれいにどれか1つのタイプに分かれるわけではなく、1人の中に複数のタイプが強弱を持って共存しています。

この人はこのタイプと決めつけることが目的ではありません。こういう特徴がある時、こう対処してみようという参考として、活用してみてください。

## 怒りの「特徴別」対処法

怒り方には、先ほど紹介した6つのタイプ別の分類に加えて、怒りそのものの特徴で分類した4つのパターンがあります。

怒りそのものの特徴というのは、次の4つのことです。

**1．強度が高い**
**2．持続性がある**
**3．頻度が高い**
**4．攻撃性がある**

これは第2章の問題となる怒りのところで解説したものと同じです。改めて簡単に振り返りましょう。

強度が高いというのは、ちょっとしたことでも激昂して怒る人のことです。すぐに大声を出したり、すごい剣幕で怒ったりするような人のことです。

持続性があるというのは、昔のことを根に持ってネチネチと怒ったり、突然過去のことを思い出して怒ったりするような人のことです。

頻度が高いというのは、何かスッキリせず一日中イライラしていたり、カリカリしているような人のことです。

攻撃性があるというのは、怒った時に誰かを攻撃したり、自分の中に溜め込んだり、あるいはモノに当たったりする人のことです。さらに、怒りの攻撃性は他人、自分、モノの3方向のどこか（あるいはその組み合わせ）に向けられることが多いです。

これらの怒り方についても、長い時間をかけて本人に染みついてしまっているものなので、一朝一夕に変わるようなものではありません。

ただ、決して変わらないというものではなく、本人が気づき、問題意識を持つことで変わることができます。

そして、アンガーマネジメントができていれば、人の怒りに対して許容度を上げることもできるので、私達はこうした人達の怒りとも上手に付き合っていくことができます。

特徴①

# 怒りの強度が高い人

怒りの強度が高い人というのは、強く怒ることが相手により伝わることと勘違いをしている人です。そのため相手に何かをより伝えたいと思えば思うほど、より強く怒ろうとしてしまいます。

そして強い怒りを表現しようとして、大声を出す（ボリュームを上げる）、強い態度にでる（高圧的な態度をとる）といった手段をとります。

しかし、誰でも大声を出されたり、高圧的な態度で怒られれば、いい気持ちはしません。人によっては恐怖感で萎縮してしまう人もいるでしょう。

こうした時、相手は自分の怒りが十分に伝わっていないと思い、ますますすごい剣幕で迫ってくるかもしれません。そうすれば、建設的な議論は到底望めません。

ですので、怒りの強度が高い人と上手に付き合うためには、**まずは大声や強い口調に屈しないという気持ちが必要です。**

強く言われた瞬間に心が折れてしまうと、もうその先は言われっぱなしになってしまいます。

相手はあなたを責めよう、屈服させようとしているわけではなく、これまでの習慣として強く怒ることが相手に伝わることという勘違いをしています。そこで、この人には強い態度で出てもムダなのだと思ってもらうことが大切になります。

どんなに強く言われたとしても、毅然とした態度で冷静に切り返すことで、次第に相手も「これ以上、怒ってもムダだな」と思うようになります。そうすると、相手もそれ以上は強く言わなくなりますし、次第にトーンも下がり落ち着いて話せるようになるでしょう。

特徴②

## 怒りの持続性がある人

怒りの持続性がある人は、ずっと過去にとらわれている人です。過去にこんなことがあった、あんなことを言われた、されたと自分が怒りを感じたことをいつまでも忘れることができません。

そして、過去を考えると同時に未来も考えています。未来というのは報復のことです。次に同じことがあったらこう言ってやろう、次は相手をへこますことができるのに等々、仕返しについて心のどこかで考えている人です。

つまり、怒りの持続性がある人は、意識が過去と未来にいきがちで、今ここに意識を置いておくことが苦手な人とも言えます。

一度怒り始めると、あれこれ昔のことなどを思い出し始め、「前から言っているけど」「何度も言ってると思うけど」といった具合に、次から次へと過去の怒りを足し算で増やしていきます。

怒りをぶつけられている側からすれば、「なぜ今、そんな昔のことを持ち出すのか？今回のこととは関係ないのに……」と思ってしまいます。ですが、怒りの持続性がある人は怒りにとらわれていると時間感覚がなくなり、昔怒っていたこともまるで昨日のことのようにありありと思い出すことができるのです。

こんな怒りの持続性がある人に怒りをぶつけられた場合は、**できるだけ今、この場所での問題だけを話すようにしてください。**

「以前のことはわかりましたが、この場は今問題となっていることだけ話してください」

「昔のことを言いたい気持ちもわかるけど、ここは現在起きたことだけ話してもらってい
い？」といった具合です。
人は「今、ここ」以外に意識が向いた時、怒りの感情が生まれやすくなります。逆に言えば、今、この場所だけに意識を集中することで、怒りが大きくなることを防ぐことができます。今、この場所だけに意識があるということは、余計な情報が付け加えられることもないからです。

特徴③
## 怒りの頻度が高い人

怒りの持続性がある人は、自分の怒りがいかに正しいものであるかを、昔のことを思い出しながら情報を付け加えることで正当化し、自分は正しいと思い込もうとします。
逆に言えば、過去や未来の情報を付け加えなければ、怒りを大きくしようがありません。今、この場所に意識を集中させることで、余計な情報を付け足さず、怒りを大きくせずに済み、話がしやすくなります。

怒りの頻度が高い人は、何が気に入らないのかはわかりませんが、一日中イライラしていたり、カリカリしている人です。

1人でイライラしているのなら問題ないと言えば問題ないのですが、このタイプはそのイライラを周りに撒き散らしてしまうから厄介です。

怒りの頻度が高い人は、自分で怒りの問題を解決することが苦手なので、自分がイライラしていること、不機嫌であることを人に伝えることで、自分の気持ちをわかって欲しいとメッセージを送っています。

怒りの感情は伝染しやすい感情です。職場に1人イライラしている人がいれば、それだけで職場全体にイライラが伝染します。

人はイライラしていると集中することが難しくなり、生産性が落ちます。職場にイライラしている人がいてイライラを撒き散らすことは、単純に不愉快という問題を超えて、職場の生産性という問題にまで影響してしまいます。

**そもそも怒りの頻度が高い人には近づかない、というのが一番の対処法です。**距離をとることができるのであれば、あえて近寄る必要はありません。

職場にイライラしている人がいたら、できるだけ近くに寄らない、関わらない、話を聞かない、声を聞かないという選択肢を探してください。その場から離れるというのも、アンガーマネジメントでは大切な退却戦略と考えています。

もし、どうしても関わらなければいけない場合には、**できるだけ短い時間で済ませるように工夫しましょう。**

イライラしているのは本人の問題です。大人であれば、自分の感情に向き合うのは自分の責務です。それができていないというのは未熟そのものですし、その未熟さに周りも付き合う必要はありません。

特徴④

## 怒りの攻撃性がある人

前述した通り、怒りの攻撃性は他人、自分、モノの3方向に向けられます。本当は怒りのエネルギーは何かを壊すために使うのではなく、建設的に何かを作り出すため、進めるために使うのが望ましいのですが、なかなかそうできる人は多くありません。

## 1．他人への怒りの攻撃性がある人

怒りの攻撃性の中でもあなたに直接向かってくるのは他人への攻撃としての怒りです。あなたの近くに他人に対する攻撃性が高い人がいれば、あなたはいつも怒りをぶつけられる対象になってしまうでしょう。

怒りの性質の1つに、高いところから低いところへ向かうというものがあります。これは力の強い人から力の弱い人へ、立場の強い人から立場の弱い人へと向かうと考えればよいでしょう。

つまり、怒っている人も怒る対象を必ず選んでいるということです。いくら攻撃が他人に向かうと言っても、誰かれ構わず向かうというわけではなく、怒る側も相手を選んで怒っているということです。自分よりも強い相手、あるいは言っても仕方がないと思える相手に攻撃が向かうことはありません。

ということは、あなたに攻撃が向けられている場合、相手はあなたのことを自分よりも弱い、あるいはぶつけることで意味がある対象だと思っています。

意味があるというのは、自分が怒りをぶつけることによって、満足できる、気が晴らせる、理解されると思っているといったことです。

では、その人が攻撃的な怒りを向けていない人は、どのような人でしょうか。ここにあなたが怒りをぶつけられないための大きなヒントがあります。

**その人が攻撃性を向けない人はどのような言動をして、どのように振る舞っているでしょうか。まずは、その人を真似てみるのです。**

これは第4章で説明したプレイロールというテクニックが有効です。具体的なやり方については、そちらの説明を読んでみてください。こうすることで、あなたも攻撃を向けられない人になることができます。

## 2. 自分への怒りの攻撃性がある人

自分を自分で攻撃する人は、自分の中に怒りを溜め込む人です。なんて自分はダメなんだろう、あんなことで怒らなければよかったと自分を責めてばかりいます。

自分を責めてしまう人、自分の中に溜め込んでしまう人は、怒っていることを上手に相手に伝えることができない人です。また、怒ることで人間関係を悪くしたり、雰囲気を壊したりするのではないかと怒りについて誤解もしています。

もしあなたの近くに自分を責めてしまっている人がいるとすれば、直接被害を受けるということはないかもしれませんが、横で見ていて不安になってしまうかもしれません。

このような自分に攻撃的な怒りを向けるタイプの人に、こちらから手を差し伸べることはできます。

まずは、**その人がどういったことで自分を責めているのかを聞いてみてください。**もしあなたにそのことを話せるようであれば、本当は他の人にも話せるということです。でも、今は話すことができていません。

聞いた中から、簡単に言えること、すぐに伝えられるようなことを選んで、それを他の人にも伝えてみるよう言ってみてください。

怒りを誰かに言えない人は、いきなりハードルが高いことを言おうとして躊躇《ちゅうちょ》しているということがよくあります。いきなり難しいことをするのではなく、今できること、比較的簡単にできることを選んで表現してもらうことに挑戦してもらいましょう。

これを続けて、自分の中に怒りを溜め込まないようにしてもらうだけで、その人は随分と心が軽くなるはずです。そうすれば、横にいるあなたや周囲の人も、安心してその人とやり取りできるようになるでしょう。

## 3. モノへの怒りの攻撃性がある人

モノに攻撃的な怒りが向かう人も、自分に攻撃を向けてしまう人同様、誰かに対して怒りの感情を表現することが苦手な人です。誰かに攻撃をすることができないので、その代わりにモノに怒りの感情をぶつけているのです。

モノに怒りをぶつけることの一番のデメリットは、怒りが解消されることなくエスカレートするということです。また、モノに当たる人という評判は、幼稚なイメージを与えるので、あまり好ましいものではありません。

ポイントは、やはり適切に自分の怒りを表現する、建設的な方向に向けられるようになる訓練をすることがとても大事です。

攻撃性が自分に向かう人と同様、モノに攻撃する人に対しては、**なぜ怒っているのか聞いてみて、それを聞いた上で今できること、簡単に取り掛かれることをこちらから提案してあげることです。**

こうすることで、今までモノに向かっていた怒りが、その怒りを解消するための行動に置き換わります。こちらの方がずっと建設的ですし、本人もそもそも怒りを溜め込みにくくなるはずです。

# 第7章

# 怒りを「明日への活力」に変える方法

# アンガーマネジメントを難しくする「2つのハードル」とは？

第7章では、アンガーマネジメントを実践する上で、具体的なテクニック以外の面で知っておいて欲しいことをまとめました。

これまでお話ししてきたことに比べると、やや抽象的な説明もありますが、長期的にアンガーマネジメントを実践していく上で、知っておいて欲しいことをまとめているので、ぜひ読んでみてください。

まずは、アンガーマネジメントを難しくする大きなハードルについて説明したいと思います。アンガーマネジメントを難しくする2つのハードルは次のものです。

**1．アンガーマネジメントという立場に立つ**

**2．不毛なコアビリーフと戦う**

この2つのハードルはアンガーマネジメントを続けている限り、誰もが必ず通る問題です。でも逆に言えば、この2つがすっと腹落ちしてしまうと、アンガーマネジメントが想像もできなかった程に簡単になります。

とは言え、私自身はこのハードルについて、最初はよくわかりませんでした。よくわからなかったというよりも、頭では何となく理解ができるのですが、いざその場面になると「そうは言ってもなあ」という感じになってモヤモヤが残っていました。

今、ここでこの2つについて読んでみてすぐに腹落ちしなくても問題はありません。おそらく言っていることはわかるけど……といった感じにはなると思います。ですが、アンガーマネジメントを実践していくうちに腹落ちするようになりますので、今はこういうハードルがあるということを何となく知っておけばよいでしょう。

## ハードル①
## アンガーマネジメントという立場に立つ

アンガーマネジメントという立場に立つというのは、アンガーマネジメントは1つの立場であり、そのことを理解した上で物事を受け取ったり、考えたりすることができるかということです。

第2章の行動のコントロールを思い出してみましょう。行動のコントロールでは、自分が怒ると決めたことについて次の4つに分けて行動を選択しようというものでした。

1．変えられる／重要
2．変えられる／重要でない
3．変えられない／重要
4．変えられない／重要でない

ここで問題となるのが、4．「変えられない／重要でない」に入るものです。第2章では公共の場でのマナー違反を事例に挙げました。公共の場でのマナー違反は多くの場合、変えられなくて重要ではないのだから、アンガーマネジメントの立場からすれば、放っておけばいいという選択が、多くの人にとって最適であると説明しました。

ところがここで次のように疑問に思った人がいたかもしれません。

「でも、悪いこと、マナー違反をしている人を放っておいていいのか？」と。

マナーの悪い人を放っておくのがアンガーマネジメントというわけではありませんが、

図7-1　アンガーマネジメントの立場

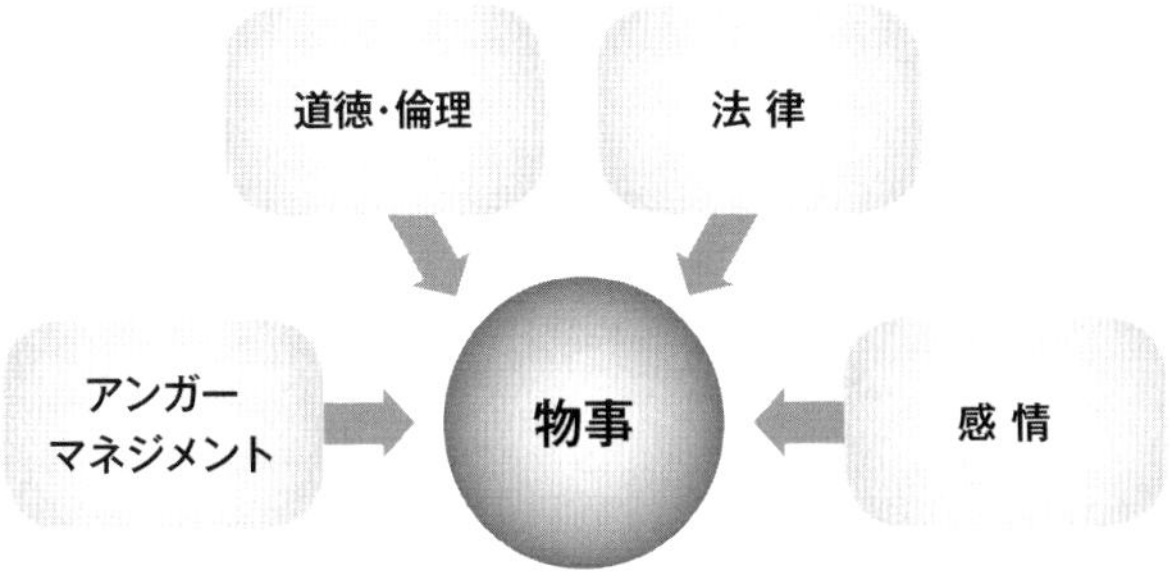


自分が関わること、関わらないことの線引きをすることはアンガーマネジメントです。

シンプルに言えば、ここで「マナー違反をしている人を放っておいていいのか？」と疑問を感じる人は、アンガーマネジメントとは違う立場から物事を見ているということになります。

図7-1を見てください。この世の中にはいろいろな立場があり、それぞれの立場から様々な意見が交わされています。

公共の場でのマナー違反を考える時、例えば、道徳・倫理、法律、感情、そしてアンガーマネジメントという立場があったとします。

「マナー違反をしている人を放っておいていいのか？」と思っている人は、道徳・倫理という立場から発言をしています。それがよいとか悪いということではなく、その立場に立っているということです。

もしその人が弁護士のところに相談に行ったらこんなやりとりになるでしょう。

「先生、聞いてください。マナー違反をしている人がいるのですが、どうにか法律で罰することはできないでしょうか？」

すると弁護士は、法律という立場に立っていますので、次のように答えるかもしれません。

「お気持ちはわかるのですが、具体的にはどんな法律違反をしていると思いますか？　残念ながらマナー違反というだけだと、特に何か法的に罪を犯しているということにはならないのですが……」

すると相談者は、道徳・倫理という立場から「感情」という立場に乗り換えるかもしれません。その場合、こんなことを言うでしょう。

「でもそんなことを言ったって、放っておいていいわけないじゃないですか！」

このように、立場が違えば、考え方も違うし、発言も違って当然です。それはよい・悪いという問題ではなく、正解・不正解ということでもなく、ただ立場が違うということです。

しかも、多くの人は時と場合に応じて、日々いろいろな立場にジャンプしながら物事を受け取り、考え、発言したりしています。

いろいろな立場に立てるからこそ、物事を様々な角度から受け取れるとも言えますし、逆に軸がないから考えがまとまらないとも言えます。

つまり、**アンガーマネジメントは人生を生きていく上での1つの立場に過ぎない、ということです**。ただし、アンガーマネジメントという立場に立っていると、少なくとも怒りの感情と上手に付き合うということは、他の立場に立っている時よりも上手にできるようになります。

私自身がこんなことを言うのは問題があるかもしれませんが、アンガーマネジメントがこの世の中にある立場の中で最もよいということではありません。人生を豊かに生きるための立場であれば、他にいくらでもあると思います。

ただ、アンガーマネジメントはメソッドとして確立されているので、多くの人が取り組みやすい立場ではあると言えます。

また、何が正解で何が不正解なのかをストイックに追い求め過ぎると、人は苦しくなります。世の中にはいろいろな立場があり、それぞれの立場に立っている人にはそれぞれの理由があります。多様な立場に立っている人がいるからこそ、社会は成立しています。

アンガーマネジメントは1つの立場であるということが腹落ちすると、楽々とアンガーマネジメントができるようになります。また、どのような意見、態度を見たりしても、そういう立場なんだと受け入れられるようになり、多くのことを受け入れ、許せるようになるので、心がとても楽になります。

ハードル②
## 不毛なコアビリーフと戦う

アンガーマネジメントを難しくするもう1つのハードル、それは「不毛なコアビリーフと戦う」ことです。

コアビリーフは誰もが持っているものであり、何が正解で何が不正解ということではありませんでした。むしろ、どんなコアビリーフであれ、それが仮に反社会的なコアビリーフであったとしても、少なくとも信じている本人にとっては正解となるものです。

コアビリーフに正解も不正解もないのですが、ただ不毛なコアビリーフというものは存在します。

不毛というのはそれを信じていてもどうしようもないし、実ることもないというものです。また、自分や周りの人を不幸にするものなので、例えば、第4章で紹介した3コラムテクニックなどを通じて見直した方がよいものと言えます。

不毛なコアビリーフというのは次の2つの条件に当てはまるものです。

1．事実ではない
2．それを信じていても、自分や周りの人が長期的に見た時に幸せにならない

「事実ではない」とは、私達の多くが持っているコアビリーフの中には、実は結構な割合で事実ではないものがある、ということです。

例えば、「努力は実る」という言葉はどうでしょうか。子どもの頃から、成功するためには努力が必要で、努力すれば必ず実るものだから努力しなさいと教わってきた人は多いのではないでしょうか。

さて、これは事実でしょうか。これは一面においては事実でもありますが、残念ながら

事実でないこともあります。つまり、努力は実ることもあれば、実らないこともあるということです。

もちろん、努力は実るものというコアビリーフを持っていても構いません。問題は、努力が実らなかった時にそれをどう捉えるかです。

例えば、初めての受験で失敗した子がいたとします。その子は小さい頃から努力は実るものと教わり、それを信じ、コアビリーフとしていました。その子なりに努力を重ねたのですが、残念ながら受験に失敗してしまいました。

もしこの子が「努力は実る」というコアビリーフをあまりにも強く持っていた場合、自分を強く責めるか、あるいは社会を恨むことになるかもしれません。そうなれば、自分にとっても、周りの人にとっても長期的に見た場合に健康的な結果にはならないでしょう。

また、次のようなコアビリーフはどうでしょうか。

「愛情があるなら、子どもには冷凍食品を食べさせるべきでない」

子どもに冷凍食品を食べさせることは愛情不足というコアビリーフを持ち、相当の努力や無理をして、毎日手作りで食事の用意をしている人がいるとします。その人は食事の準備をするのが大変なあまり、イライラして子どもに当たってしまって、「私はなんてダメな親なんだろう」と自己嫌悪に陥っています。

しかしここでは、もし食事の準備が大変で、そのことでイライラして子どもに当たってしまうくらいなら、冷凍食品を使ってさっさと食事の準備をして、家族皆で笑顔で食事をする方がよほど幸せなのではないでしょうか。

つまり、これも事実とは異なる上に、本人も周囲の人間も長期的に見た時に幸せにならないコアビリーフです。

こうした不毛なコアビリーフの代表的なものをいくつか見てみましょう。

・正直な人間が得をする
正直な人間が得をする世界であって欲しいですが、必ずしもそうとは言えません。バカ正直という言葉があるように、正直さは常に美徳とはみなされません。

・真面目に生きれば幸せになれる
残念ながら、真面目に生きることと幸せになることの間に、明確な相関関係があるとは言えなさそうです。

・親の言うことは聞くべき

自分の人生と親の人生は別のものです。自分の人生は親の人生の再挑戦ではありません。自分が正しいと思う生き方をするのが、自分の人生を生きることです。

これらの他にも「男性らしくあるべき」「結婚はするのが当然」「子どもは自然とできるもの」「よい会社に入ることが成功」「マイホームは持つのが当たり前」等々、挙げようと思えば、次から次に挙げることができます。

こうした不毛なコアビリーフの厄介なところは、**これらの不毛なコアビリーフが躾、道徳といったものの中にあるからです。**

躾、道徳は生きていく上でとても重要かつ必要なものですが、一方で現在の状況にそぐわないものや、自分や周りの人を結果的に苦しめるようなものが、結構入ってしまっているというのも事実です。

私自身、随分と長い間苦しんだ不毛なコアビリーフがありました。それは「親の期待には応えるもの」というものです。私は父親からは安定した職業につくことが正しいことと教わりましたし、期待もされていました。

ところが、私が最初に選んだ会社はカナダにあるベンチャー企業でした。なぜそんな企業で働くのか理解できないと責められました。私自身は自分で選んだキャリアだし、正しいと思いつつも、そこで働いている間中、親の期待に応えられていないという罪悪感に悩まされました。

アンガーマネジメントを始めてから、自分の人生は自分にしか責任をとれないと前向きに思えるようになりました。そこでようやく自分の人生がとても楽になりましたし、父親と衝突することもなくなりました。

あなたにはどのような不毛なコアビリーフがあるでしょうか。実は、不毛なコアビリーフを見つけること自体は比較的簡単なのですが、そのコアビリーフを健康的なものに書き換えるのには相当な労力がかかります。

なぜなら、不毛なコアビリーフは、コアビリーフの中でも頑固で、すぐに変わることを拒むものであることが多いからです。

逆に言えば、自分が持っている不毛なコアビリーフを手放すことができたり、書き換えることができれば、人生はより楽しく、幸せに満ちたものに変えることができます。

自分の不毛なコアビリーフに向き合い、戦い、そして勝っていきましょう。

# 怒りをパワーに変える3つの方法

ここからは、アンガーマネジメントにおける怒りのエネルギーを、建設的な方向に向けるための方法を紹介します。

一般的に怒りの感情はマイナスなもの、ネガティブなものと思われがちです。確かに怒りの感情は人間関係を壊したり、ビジネスでミスの原因となったり、子育てで後悔することになったりと、苦い経験を招きやすいものです。

ただ、怒りの感情は決してマイナス面ばかりではありません。怒りの感情を持つことを大きなメリットにすることもできるのです。

アンガーマネジメントはアスリートのメンタルトレーニングとしても活用されていきます。アメリカではゴルフ、野球、アメリカンフットボール、テニス等々といったスポーツでプロ選手達が怒りのエネルギーを活用して成長しようと日々研鑽しています。

最近では日本のプロスポーツ選手の中にもアンガーマネジメントをメンタルトレーニングとして取り入れる人も出始めています。

試合に負けて悔しい、もうこんな思いはしたくないから頑張ると、その悔しさをバネにできれば成長することはできます。

逆に試合に負けた、コーチに叱られたこと等からふてくされてしまったり、嫌になったりして、パフォーマンスを著しく落としてしまう、なかには競技から離れてしまうといった選手もいます。

ビジネスであろうが、プロスポーツであろうが、怒りの感情を持つことでパフォーマンスを上げられる一方で、怒りに支配されてしまうとパフォーマンスは下がります。

闘争心を燃やしながらも冷静でいるというゾーンに自分を置いておけるようになることがとても大事になります。

私も思い返せば小学生の時にいじめられていたこと、中学生の時の部活での敗退、高校受験の失敗、大人になってからは上司との衝突等々、悔しさをバネに成長できる機会は何度もあったのですが、どうしても上手に生かすことがなかなかできませんでした。怒りを建設的な方向に生かせるようになったのはアンガーマネジメントを覚えてからです。

ここでは、どうすれば怒りの感情を建設的に上手に自分を前に動かすエネルギーにできるのか、その方法を紹介します。

怒りを建設的な方向に向ける方法として大事なことは次の3つを揃えることです。

1. 長期的なゴールが明確であること
2. ゴールに向かって毎日することが具体的であること
3. 毎日できる仕組み、環境が整っていること

このあと、順に見ていきましょう。

怒りをパワーに変える方法①

## 長期的なゴールを明確にする

長期的なゴールというのは、5年、10年先にこうなっていたい、とあなたが思って目指していることです。

常に5年後に自分はどうでありたいか、どうしていたいのかということがないと目先の出来事に流されていってしまいます。長期的な視点から見ると、努力している割には実らないということにもなりかねません。

自分が目指したい姿が決まっていれば、目先の怒りに振り回されなくて済むようになります。例えば、仕事中に上司からの小言にイラッとしたとしても、いちいちそこで我慢できずに言い返して上司と口論をすることが、自分の目指す5年後の姿に近づくことになるのでしょうか。多くの場合、きっとならないでしょう。

何かむしゃくしゃすることがあった時、自暴自棄になりお酒を飲んで愚痴を吐いて管《くだ》を巻くことが、ゴールに近づくための方法なのでしょうか。

もちろん、誰しも完璧な人間ではありません。時にはそういう時もあるでしょう。でも、このように毎日、目先の怒りに振り回されていたら、どうやっても自分が目指している目的地にたどり着くことはできないでしょう。

**あなたは5年後にどうなっていたいのでしょうか。できるだけ具体的にその時の様子を書き出してください。**書き出す時には第3章で紹介したミラクルデイエクササイズを使うとよいでしょう。

あなたが目の前の怒りにとらわれることなく目指していく方向を、具体的に言葉で理解できるレベルにまで落とし込んでください。そうすることで、日々の仕事の中で怒りに振り回されそうになった時にも、5年後のゴールを思い出して、正しい行動を取ることができるようになります。

そして、5年後のゴールについても、自分だけが満足できるというものではなく、自分にとっても周りの人にとっても健康的で幸せになれるゴールを目指してください。

怒りをパワーに変える方法②

## ゴールに向かって毎日することが具体的である

長期的なゴールを決めたら、次はそこへ向かうために毎日することを具体的な行動に落とし込みます。なぜなら、毎日の行動次第で、目的地に着くスピード、労力、コストが大きく変わるからです。

例えば、あなたの5年後のゴールが海外駐在だとして、海外駐在員に選ばれるためにはTOEICが800点必要だとします。

TOEICを受けたことがなければ、すぐに自分の現在地を確認するために受けてみます。結果が仮に560点だったとします。海外駐在員の要件である800点には240点足りません。

ここでこんなに足りないと考えるのではなく、あとこれだけあれば足りると考えます。今までは漠然とわからないという状態だったものが、どの程度のギャップがあるのか具体的に理解することができるのですから、やはり現在地を確認することはとても大事です。

では240点のギャップを埋めるために何をするかです。が、今の時代、英語を勉強する、英会話を磨く方法はいくらでも選択肢はあります。自分に合った方法を選べばよいでしょう。

むしろ、ここでのポイントは、**毎日少しの時間でもいいから続けることを決めることです**。毎日続けることが一番大事なポイントになります。ありがちですが、週に一度英会話学校に通えばいいというような目標はNGです。

なぜなら、何でもそうなのですが、人はいつもと違った何かをする時に一番エネルギーを使います。習慣でないものを習慣にするというのは本当に骨の折れる作業です。

逆に毎日やり続けていると、それをやらないと気持ちが悪いという状態になります。歯磨きなどは毎日どころか、毎食後にしないと気持ちが悪い人も多いでしょう。

そういう意味でゴールに向かうことを意識しつつも、毎日苦もなくできることを具体的にします。

例えば、毎朝、英語でCNNを10分だけ見る。ラジオ英会話を通勤途中に聞くようにする。好きな映画を英語字幕で毎日5分ずつ見るようにする等々。大きな負荷をかけず、それをする時に心に負担にならないものにします。

何かを始める時に「ゴールに最短で行きたい」といきなり毎日やることのハードルをすごく高くしてしまう人がいるのですが、それはおすすめできません。三日坊主という言葉があるように、すぐに挫折してしまうでしょう。

毎日行うことは手軽に続けられるもの、始める時に「せーのっ」と掛け声をかけなくてもできるようなものにします。

怒りをパワーに変える方法③

## 毎日できる仕組み、環境を整える

毎日することを決めたら、最後にそれを本当に毎日できる仕組み、環境を整えます。人は弱いので、ついできない日を作ったり、やらなくていい理由を探したりして、時々サボったりしてしまいます。そうしたことができない、できない理由を探さない仕組み、環境を整えるのです。

学校に通ったり、コーチをつけるのも1つの手でしょう。学校に通ったりコーチをつけたりするのには、費用がかかりますが、費用を払ったのだからという自分へのコミットは生まれるでしょう。

学校、コーチから管理されることで、独学するよりも続けるということについて外圧を受けることになるのはメリットかもしれません。次回はいつ、今日は何時からといった具合に管理されることで、続けることができるようになります。

プライベートジムとして大成功しているライザップなどはボディメイク、ダイエットといった習慣になりにくいもの、継続しにくいものについて徹底した管理、指導を行うことで高い成功率を誇っていると言っていいでしょう。

また、周りを巻き込むというのも1つの方法です。周りに宣言した手前、やらなければいけないという状況に自分を無理やり追い込みます。

そして何より、**物事を続けていくコツは、毎日自分にOKを出すことです**。毎日自分は何かができていると実感できることで、やる気を継続させることができます。

これは**自己肯定感**と呼ばれるものです。自己肯定感の高い人は自分で決めたことをコツコツと続けることができます。

ここで注意して欲しいのは、自己肯定感には絶対的自己肯定感と相対的自己肯定感の2種類があるということです。

私達に必要なのは絶対的自己肯定感です。絶対的自己肯定感というのは、自分の価値観によって自分にOKを出せるかということです。誰からの評価というわけではなく、自分で自分はできている、OKであると出せることが大切です。

一方で相対的自己肯定感は、誰かとの比較の中で持つようになるものです。これは、誰かより優秀だとか、誰かより足が速い、誰かよりできるといった比較をすることで持つことができるものですが、相対的自己肯定感は誰かとの比較に過ぎないので、自分よりもできる人と比較した時に、すぐに消え去ってしまいます。

どんなに優秀な人でも、上を見ていけばキリがありません。そして自分よりも優秀な人と比べることを続けてしまうと、自分はできない、自分には価値がない、と自己肯定感を下げてしまうのです。

自己肯定感が低い人は自分なんてできるはずがない、とできそうなこともできないと自分に言い聞かせてしまいます。そのため、仮に毎日行うことを決めたとしても、どうせ続けても意味がない、と自ら継続することを止めてしまうのです。

**アンガーマネジメントでは、第3章で紹介したサクセスログを使うことで自己肯定感を高めることができます。**

私達の毎日は小さな成功の積み重ねです。自分が毎日できていると自分を認めることができれば、行動すること、続けることに自信を持つことができます。

サクセスログを使って、自分にOKを出し、自己肯定感を高め、ゴールに向かって行動を積み重ねていきましょう。

ここまで、怒りの感情を健全な方向に向ける方法について書いてきました。しかし、自分が怒りにとらわれている時、もしかすると健全な方向がどちらなのかわからなくなってしまうことがあるかもしれません。

そんな時はこう自分に聞いてください。

「それを5年後も変わらずやっていたいか？」

「それを5年後もやっていることが幸せか？」

怒りの感情は自分を上げるために使い、誰かを下げるために使うものではありません。誰かを叩く、誰かの悪口を言う、誰かを妬む、誰かを貶めるようなことをこれから5年もやり続けたい人はいないでしょう。

自分を上げるために怒りを使える人は人から支持されますが、誰かを下げるために怒りを使う人は支持されません。

怒りの感情を持つのは人として自然なことです。そしてその怒りを生かすも、怒りに負けるも、自分ですべて選ぶことができるのです。

PHP
Business Shinsho

安藤 俊介（あんどう・しゅんすけ）

一般社団法人日本アンガーマネジメント協会代表理事。アンガーマネジメントコンサルタント。

1971年群馬県生まれ。2003年に渡米してアンガーマネジメントを学び、日本に導入し第一人者となる。ナショナルアンガーマネジメント協会に在籍する1500名以上のアンガーマネジメントファシリテーターのうち、15名しか選ばれていない最高ランクのトレーニングプロフェッショナルに、米国人以外ではただ一人選ばれている。2017年4月、厚生労働省「職場のパワーハラスメント防止対策についての検討会」委員に就任。企業、官公庁、教育委員会、医療機関などで数多くの講演、研修などを行っている。

著書に『はじめての「アンガーマネジメント」実践ブック』『怒りが消える心のトレーニング』（以上、ディスカヴァー・トゥエンティワン）、『アンガーマネジメント入門』（朝日文庫）、『イライラしなくなるちょっとした習慣』（大和書房）などがある。著書は中国、台湾、韓国でも翻訳され、累計35万部を超える。

PHPビジネス新書 400

「怒り」を上手にコントロールする技術
アンガーマネジメント実践講座

2018年11月30日　第1版第1刷発行
2024年3月15日　第1版第3刷発行

著者　安藤俊介
発行者　永田貴之
発行所　株式会社PHP研究所
東京本部　〒135-8137　江東区豊洲5-6-52
ビジネス・教養出版部　☎03-3520-9619（編集）
普及部　☎03-3520-9630（販売）
京都本部　〒601-8411　京都市南区西九条北ノ内町11
PHP INTERFACE　https://www.php.co.jp/
装幀　齋藤　稔（株式会社ジーラム）
組版　有限会社エヴリ・シンク
印刷所
製本所　大日本印刷株式会社


ISBN978-4-569-84174-8

## 「ＰＨＰビジネス新書」発刊にあたって

わからないことがあったら「インターネット」で何でも一発で調べられる時代。本という形でビジネスの知識を提供することに何の意味があるのか……その一つの答えとして「**血の通った実務書**」というコンセプトを提案させていただくのが本シリーズです。

経営知識やスキルといった、誰が語っても同じに思えるものでも、ビジネス界の第一線で活躍する人の語る言葉には、独特の迫力があります。そんな、「**現場を知る人が本音で語る**」知識を、ビジネスのあらゆる分野においてご提供していきたいと思っております。

本シリーズのシンボルマークは、理屈よりも実用性を重んじた古代ローマ人のイメージです。彼らが残した知識のように、本書の内容が永きにわたって皆様のビジネスのお役に立ち続けることを願っております。

二〇〇六年四月

ＰＨＰ研究所